DEUTSCHE
BIBEL
GESELLSCHAFT

Flucht und Neuanfang

Die bewegendsten
Migrationsgeschichten der Bibel

Ausgewählt und eingeleitet von
Elsa Tamez

Übersetzt von Christiane Herrlinger

Deutsche Bibelgesellschaft

Bibeltext:
Gute Nachricht Bibel
Revidierte Fassung, durchgesehene Ausgabe

Die Deutsche Bibelgesellschaft ist eine kirchliche Stiftung des öffentlichen Rechts. Sie übersetzt die biblischen Schriften, entwickelt und verbreitet innovative Bibelausgaben und eröffnet für alle Menschen Zugänge zur Botschaft der Bibel. International verantwortet sie die wissenschaftlichen Bibelausgaben in den Ursprachen. Durch die Weltbibelhilfe unterstützt sie in Zusammenarbeit mit dem Weltverband der Bibelgesellschaften (United Bible Societies) weltweit die Übersetzung und Verbreitung der Bibel, damit alle Menschen die Bibel in ihrer Sprache lesen können.
Weitere Informationen finden Sie unter www.die-bibel.de

ISBN 978-3-438-04813-4

Originalausgabe: Historias de Migrantes en la Biblia

Satz: Typograffiti Birgit Neumann, Neckartenzlingen
Einband: JoussenKarliczek GmbH, Schorndorf
Titelabbildung: iStock, © Anry01
Gesamtherstellung: CPI books GmbH, Leck

Printed in Germany

Vorwort

Die Bibel ist voller Geschichten über alle Arten von Migration. Wir lesen von Männern und Frauen, die ihre Heimat verlassen, weil sie von Gott einen besonderen Auftrag erhalten haben. Andere werden aus ihrem Heimatland vertrieben oder fliehen vor Hunger, Unterdrückung, Krieg und Verfolgung. Die Geschichten sind sehr lebensnah erzählt und schildern das Schicksal der Flüchtlinge auf bewegende Weise. Die Aus- und Einwanderer in der Bibel machen ähnliche Erfahrungen wie heutige Migranten. Nie vergessen sie das Land ihrer Geburt. Es bleibt immer ein Stück ihrer eigenen Identität. Auch ihren Glauben lassen sie nicht hinter sich, sondern bewahren ihn.

Man kann die biblischen Geschichten über Migranten auf unterschiedliche Weise lesen. Entweder interpretieren wir sie als Erzählungen aus lang vergangener Zeit ohne weiteren Bezug zum heutigen Leben. Oder wir lesen sie vor dem Hintergrund der Erfahrung heutiger Migration. In diesem Buch haben wir uns für die zweite Möglichkeit entschieden. Denn so kann das Wort Gottes für uns lebendig werden. Es kann zu uns sprechen und uns als Christen für die Herausforderungen der weltweiten Migrationsbewegungen in unserer Zeit sensibilisieren. Aber vor allem möchten wir mit diesen Geschichten alle Migranten ermutigen und stärken.

Nach einer Statistik der Vereinten Nationen gibt es 230 Millionen Migranten auf der Welt. Große Menschengruppen fliehen in fremde Länder oder innerhalb eines Landes. Das ist nichts Neues. Dass Menschen an andere Orte vertrieben wurden, gab es schon immer. Geschichtliche Ereignisse und anthropologische Analysen zeigen, dass das Wandern zu den Wesensmerkmalen des Menschen gehört. Menschen verlassen ihren Heimatort und leben anderswo als Einwanderer. Freilich sind sie nun Fremde, und das tägliche Leben hat für sie sowohl gute als auch schlechte Seiten. So ist das schon seit jeher.
Schon das erste Glaubensbekenntnis in der Bibel nimmt Bezug auf die Flucht Abrahams nach Ägypten: »Mein Vorfahr war ein heimatloser Aramäer. Als er am Verhungern war, zog er mit seiner Familie nach Ägypten und lebte dort als Fremder.« (5 Mose/Deuteronomium 26,5) Es gibt nur wenige wichtige Ereignisse in der Bibel, die nichts mit Wanderbewegungen zu tun haben, ob nun aus wirtschaftlichen Gründen, aus dem Wunsch, einem Familienmitglied nah zu sein, weil ein Krieg ausbricht oder aus anderen Gründen. Selbst Jesus Christus, der Sohn Gottes, kam aus Liebe zu den Menschen als Fremder auf die Erde (Philipper 2,6-7). Er wurde ein Mensch mit Fleisch und Blut, um uns den wahren Weg zu Gott zu zeigen. Wir erwarten im Glauben das versprochene Kommen der himmlischen Stadt auf die Erde am Ende der Zeit. Dies wird die ewige Stadt sein, in der es kein Weinen und kein Leid mehr geben wird. Denn Gott, ihr Herrscher, wird wie

eine Mutter alle Tränen seiner Töchter und Söhne, der ewigen Migranten, abwischen.
In dem folgenden Zeugnis macht der Migrant Carlos deutlich, dass in jedem von uns etwas von einem Migranten steckt.

> Meine Geschichte gleicht denen vieler anderer Menschen. Vor 29 Jahren kam ich in Caracas an. Ich kam von Argentinien, auf der Suche nach einer besseren Zukunft. Meine Familie und ich leben nun seit 13 Jahren in Israel. Wir haben Zeiten von Freude, Traurigkeit, Misserfolg und Erfolg durchlebt. Ich fühle mich gut. Wenn ich zurückschaue, ist da Heimweh nach dem Land, in dem ich geboren wurde. Wenn ich nach vorn schaue, hoffe ich auf Erfolg mit unserem Geschäft. Ich bin davon überzeugt, dass das Bedürfnis, unseren Horizont zu erweitern, etwas ist, das zu unserer DNA gehört, es liegt uns im Blut, auch in unserer Zeit. Es gehört zur Evolution. So haben wir unseren schönen blauen Planeten bevölkert. Alles verändert sich, aber wir ziehen weiter über die Erde. Ich träume von dem Tag, an dem wir einst reisen können, wohin immer wir wollen.[1]

Die meisten Menschen machen sich die Entscheidung zum Auswandern nicht leicht. Andere Sitten und Bräuche,

---

1 So in einem Artikel auf www.bbc.com/mundo am 9. März 2004.

die Notwendigkeit, eine neue Sprache zu lernen, Schwierigkeiten, eine Arbeit zu finden, Fragen der Religion und vieles anderes stellen große Herausforderungen dar. Wenn Menschen auswandern, ohne an dem Ort, an dem sie leben wollen, Bekannte oder Unterstützer zu haben, haben sie es besonders schwer. Wenn sie die bürokratischen Prozeduren bei den Einwanderungsbehörden nicht kennen, wird das Erlangen der nötigen Papiere viel Arbeit, Kosten und manche Enttäuschungen mit sich bringen. Außerdem müssen sie etwas über das Leben in dem Zielland wissen. Sie müssen wissen, welche Gewohnheiten Anstoß erregen und welches Verhalten gut ankommt. Sie müssen ehrlich, klug und scharfsinnig handeln, um als Fremde akzeptiert zu werden. Natürlich garantiert das noch nicht, dass sie glücklich sein und Erfolg haben werden. Aber sie werden mehr gute als schlechte Erfahrungen machen.

Um die biblischen Geschichten mit den Augen heutiger Migranten sehen zu können, muss man etwas über ihre Lebenswirklichkeit wissen. Dann kann das Wort Gottes Bedeutung bekommen und Leben verändern. Der Weltentwicklungsbericht des Entwicklungsprogramms der Vereinten Nationen (UNDP) über *Migration und menschliche Entwicklung*[2] zeigt uns, dass viele Vorstellungen, die

2 *Human Development Report 2009. Overcoming barriers: Human mobility and development* (Weltentwicklungsbericht 2009. Barrieren überwinden: Migration und menschliche Entwicklung). New York: UNDP, 2009: 2-5.

die Menschen über Migranten haben, falsch sind, zum Beispiel: »sie nehmen uns unsere Arbeitsplätze weg«, »sie klauen« oder »sie liegen uns Steuerzahlern auf der Tasche«.

Die Forschung zeigt jedoch, dass im Allgemeinen beide Seiten profitieren, die Zuwanderer und die Einheimischen. Beide erweitern ihren Horizont und lernen Neues hinzu. Die Begabungen und Fähigkeiten der Einwanderer ergänzen die Ressourcen des Landes, in das sie gekommen sind. Wenn sie erfolgreich sind, helfen sie nicht nur sich selbst und ihren Familien in der Ferne, sondern auch der Gesellschaft, in der sie als Einwanderer leben. Sicher, es kommt nicht jeder voran. Einsamkeit, Zurückweisungen, ein fehlender Arbeitsplatz, Krankheit, Probleme mit den Behörden etc. sind belastende Faktoren, die es ihnen schwer machen, sich ihre Träume zu erfüllen. Wenn Vertriebene oder Flüchtlinge aus Kriegsgebieten kommen oder aus Gegenden, in denen die Gewalt grassiert, werden sie sich besonders schwertun. Sie haben ihre Heimat ja nicht freiwillig verlassen. Aber in der überwiegenden Zahl der Fälle ziehen die Menschen aus eigenem Entschluss fort, um ihre Lebensbedingungen zu verbessern. Wie Ban Ki-Moon, der Generalsekretär der Vereinten Nationen, es ausdrückt: »Migration ist ein idealer Weg, um Armut zu reduzieren und neue Möglichkeiten zu schaffen.«

Man könnte meinen, dass die großen Migrationsbewegungen von den armen Ländern in die reichen führen.

Nach dem UNDP-Bericht gibt es allerdings mehr Menschen, die innerhalb eines Landes auf der Flucht sind oder umziehen (740 Millionen), als Menschen, die von einem armen Land in ein reiches ziehen (70 Millionen). Und nicht nur das, die Wanderbewegungen von einem reichen Land in ein anderes reiches Land sind mit 200 Millionen ebenfalls zahlreicher als die von einem armen in ein reiches Land. Diese Zahlen vermitteln uns eine ausgewogenere Sicht auf das Phänomen der Migration.
Tauchen wir nun ein in die faszinierende Welt der Bibel und lassen uns anrühren von den spannenden und bewegenden Geschichten, die sie zu erzählen weiß.

Die Nähe zur Familie als Auswanderungsgrund

Wenn Kinder erwachsen werden, ziehen sie oft weit weg von zu Hause. Die zurückgelassenen Familienmitglieder, insbesondere die Eltern, vermissen sie schmerzlich und können sie nicht vergessen. Manchmal wird ihre Sehnsucht so groß, dass sie sich sogar entschließen, ihnen hinterherzuziehen, um ihnen nahe zu sein. Sie haben Angst, sie könnten sie vor ihrem Tod nicht mehr wiedersehen. Und den Kindern, die weit weg wohnen, geht es genauso. Für sie kann es eine große Hilfe sein, in dem Land, in dem sie nun leben, enge Verwandte um sich zu haben. Der Wunsch, nahe bei der Familie zu sein, hat aber noch einen anderen Aspekt: Selbst wenn sich Einwanderer in ihrer neuen Heimat gut schlagen und ihre Träume verwirklichen können, bleibt in ihnen doch häufig die Sehnsucht wach, in das Land ihrer Vorfahren zurückzukehren. Sie wollen nicht fern ihrer Heimat sterben, sondern dort beerdigt werden, wo auch ihre Eltern begraben sind. Genau so ging es auch Jakob, dem Stammvater des Volkes Israel.

Ein glückliches Wiedersehen nach langer Zeit
Jakob zieht zu Josef

Josef war einer der zwölf Söhne von Jakob. Als junger Mann war er von seiner Familie getrennt worden. Seine eifersüchtigen Brüder hatten ihn an Händler verkauft und Josef war in Ägypten gelandet. Sein Vater Jakob liebte ihn sehr. Aber die Brüder überzeugten ihn, dass ein wildes Tier Josef getötet habe. Als dann eine schreckliche Hungersnot in Kanaan herrschte und die Brüder nach Ägypten reisten, um dort Getreide zu kaufen, trafen sie Josef wieder. Er hatte es außerordentlich weit gebracht und war die rechte Hand des Pharaos geworden, des Königs von Ägypten. Josef war ein guter Mensch und verzieh seinen Brüdern. Diese kehrten nach Kanaan zurück und berichteten ihrem Vater, was sie erlebt hatten. Jakob war außer sich vor Freude, weil sein Traum, bei Josef zu sein und ihn in den Armen zu halten, plötzlich zum Greifen nah war.
In einer Vision versicherte Gott Jakob, dass es richtig sei, nach Ägypten zu ziehen. Und außerdem hatte er die Aussicht auf alle nötige Unterstützung für einen guten Neustart in Ägypten. Schließlich arbeitete sein Sohn für den Pharao! Nichtsdestotrotz bemühte er sich sehr, einige wichtige Dinge vor seiner Ankunft in Erfahrung zu bringen. Er schickte seinen Sohn Juda voraus, um seine Ankunft anzukündigen und ein Treffen zu vereinbaren.
Als Einwanderer hatte Josef in Ägypten viele Höhen und Tiefen durchgemacht, er war sogar falsch beschuldigt und

ins Gefängnis geworfen worden. Aber jetzt war er rehabilitiert. Vielleicht hatte er immer schon davon geträumt, eines Tages seinen Vater wiederzusehen. Jetzt war die Zeit gekommen: Der Traum, seinen Vater zu umarmen, würde wahr werden.
So ging für Jakob und seine Familie alles gut aus. Doch wie bei vielen Einwanderern, so wurde auch bei Jakob der Wunsch, an der Seite seiner Vorfahren begraben zu werden, im Alter immer mächtiger. Lesen Sie die Geschichte, wie die Bibel sie erzählt. (Auszüge aus 1 Mose/Genesis 45–47)

Die Brüder kamen ins Land Kanaan zu ihrem Vater Jakob und berichteten ihm: »Josef lebt! Denk doch, er ist Herr über ganz Ägypten!«
Aber ihr Vater rührte sich nicht; er glaubte ihnen nicht. Sie erzählten ausführlich, wie es ihnen ergangen war und was Josef ihnen aufgetragen hatte. Sie zeigten ihm auch die Wagen, die er für ihn mitgeschickt hatte.
Da endlich kam Leben in Jakob. »Kein Wort mehr!«, rief er. »Josef lebt noch! Ich muss hin und ihn sehen, ehe ich sterbe!«
Jakob machte sich auf den Weg; seinen ganzen Besitz nahm er mit. Als er nach Beerscheba kam, opferte er dort dem Gott seines Vaters Isaak Tiere von seinen Herden und hielt ein Opfermahl.
In der Nacht erschien ihm Gott und sagte: »Jakob! Jakob!«
»Ja?«, antwortete er.

Gott sagte zu ihm: »Ich bin Gott, der Gott deines Vaters. Hab keine Angst, nach Ägypten zu ziehen! Ich will deine Nachkommen dort zu einem großen Volk machen. Ich selbst werde mit dir gehen, ich werde dich auch wieder zurückbringen; und wenn du stirbst, wird dir Josef die Augen zudrücken.«

Von Beerscheba aus ging die Reise weiter. Die Söhne Jakobs setzten ihren Vater, ihre Frauen und ihre kleinen Kinder in die Wagen, die der Pharao mitgeschickt hatte. Mit ihren Herden und ihrem ganzen Besitz, den sie im Land Kanaan erworben hatten, kamen sie nach Ägypten, Jakob und seine ganze Familie, die Söhne und Töchter, die Enkel und Enkelinnen. Seine ganze Nachkommenschaft brachte Jakob mit sich nach Ägypten.

Jakob hatte Juda vorausgeschickt, um Josef seine Ankunft anzukündigen und ihn zu sich nach Goschen zu rufen. Josef ließ seinen Wagen anspannen und fuhr seinem Vater entgegen.

Als Jakob ihn sah, schloss er ihn in die Arme und weinte lange. »Jetzt sterbe ich gern«, sagte Jakob. »Ich habe dich wiedergesehen und weiß, dass du noch am Leben bist.«

Dann sagte Josef zu seinen Brüdern und ihren Angehörigen: »Ich gehe jetzt zum Pharao und melde ihm, dass ihr aus Kanaan zu mir gekommen seid. Ich sage ihm, dass ihr Viehhirten seid und eure Schafe, Ziegen, Rinder und euren übrigen Besitz mitgebracht habt.

Wenn der Pharao euch zu sich rufen lässt und euch nach eurem Beruf fragt, dann antwortet ihm: ›Wir sind von Ju-

gend an Viehhirten gewesen wie unsere Vorfahren.‹ Dann wird er euch erlauben, hier in der Provinz Goschen zu bleiben.«
Die Ägypter haben nämlich einen Abscheu vor Schaf- und Ziegenhirten; sie gelten bei ihnen als unrein.
Josef ging zum Pharao und berichtete ihm: »Mein Vater und meine Brüder sind aus dem Land Kanaan hierhergekommen. Ihre Herden und ihren ganzen Besitz haben sie mitgebracht. Sie sind in der Provinz Goschen.«
Josef hatte fünf von seinen Brüdern mitgebracht und stellte sie dem Pharao vor.
»Was ist euer Beruf?«, fragte der Pharao, und sie antworteten: »Wir sind Schafhirten, großer König, wie es schon unsere Vorfahren waren.«
Weiter sagten sie: »Wir möchten gern eine Zeit lang als Gäste in Ägypten leben. Im Land Kanaan finden unsere Herden wegen der Dürre keine Weide mehr. Erlaube uns, mächtiger Herr, dass wir in der Provinz Goschen bleiben.«
Der Pharao sagte zu Josef: »Dein Vater und deine Brüder sind also zu dir gekommen! Ganz Ägypten steht dir zur Verfügung. Lass sie im besten Teil des Landes wohnen; sie können in Goschen bleiben. Und wenn unter ihnen tüchtige Leute sind, dann vertraue ihnen die Verantwortung für meine eigenen Herden an.«
Josef brachte auch seinen Vater Jakob zum Pharao. Jakob begrüßte den Herrscher mit einem Segenswunsch.
Der Pharao fragte ihn nach seinem Alter und Jakob erwiderte: »Hundertunddreißig Jahre lebe ich jetzt als Frem-

der auf dieser Erde. Mein Leben ist kurz und leidvoll im Vergleich zu dem meiner Vorfahren, die heimatlos wie ich auf dieser Erde lebten.«

Jakob verabschiedete sich vom Pharao mit einem Segenswunsch.

Wie der Pharao befohlen hatte, ließ Josef seinen Vater und seine Brüder in der Gegend von Ramses, im besten Teil des Landes, wohnen und gab ihnen dort Grundbesitz. Er sorgte auch dafür, dass seine Angehörigen Brot zugeteilt bekamen, jede Familie nach ihrer Kopfzahl.

Nun war also das Israel-Volk nach Ägypten gekommen und lebte in der Provinz Goschen. Sie waren fruchtbar, vermehrten sich und wurden sehr zahlreich.

Jakob lebte noch siebzehn Jahre in Ägypten und erreichte ein Alter von 147 Jahren. Als er sein Ende nahen fühlte, ließ er seinen Sohn Josef rufen und sagte zu ihm: »Wenn du gut zu mir sein willst, dann leg deine Hand zum Schwur zwischen meine Beine. Erweise mir Güte und Treue und begrabe mich nicht in Ägypten! Lass mich im Tod mit meinen Vorfahren vereint sein: Bring mich von hier weg und begrabe mich dort, wo sie begraben sind.«

Josef versprach ihm: »Ich werde deinen Wunsch erfüllen.«

»Schwöre es mir!«, sagte Jakob, und Josef schwor es ihm. Darauf verneigte sich Jakob anbetend auf seinem Bett.

Flucht vor dem Hunger

Hunger und Armut gehören heutzutage zu den häufigsten Gründen, die Menschen zur Flucht aus ihrer Heimat bewegen. Nach Angaben des Welternährungsprogramms der Vereinten Nationen (WFP) leiden 870 Millionen Menschen an Hunger. Mit anderen Worten: Einer von acht Menschen geht jeden Abend mit leerem Magen schlafen. Die meisten von ihnen leben in armen Ländern, vor allem in Asien, Afrika und Lateinamerika. Viele Menschen ziehen auf der Flucht vor dem Hunger von einem Teil des Landes in einen anderen oder aus ländlichen Gebieten in die Städte. Andere kämpfen darum, in ein Nachbarland oder in ein noch weiter entferntes Land zu gelangen, wenn sich dort bessere Lebensbedingungen bieten.

Die Menschen, die wegen Hunger auswandern, haben genauso wie diejenigen, die wegen Naturkatastrophen wie Überschwemmungen und Dürren oder vor Gewalt fliehen, mit Problemen und Widerständen zu kämpfen. Was können sie mitnehmen? Was sollen sie mit dem wenigen Besitz tun, den sie noch haben? Wer kann ihnen helfen, in dem neuen Land eine Aufenthaltsgenehmigung zu bekommen? Wenn sie ohne gültige Pässe einreisen, laufen sie Gefahr, betrogen, misshandelt oder in ihr Herkunftsland zurückgeschickt zu werden. Außerdem erleben viele

Migranten nach der Ankunft in einem fremden Land zunächst große Einsamkeit. Die Sitten und Bräuche sind ungewohnt und sie sprechen die Sprache nicht. Wenn sie Glück haben, treffen sie auf andere Menschen aus ihrem Herkunftsland. Häufig fühlen sich die Einheimischen – seien sie Staatsangehörige dieses Landes oder nicht – von den Neuankömmlingen bedroht. Doch nach einer Weile leben sich die Migranten meistens ein, finden Arbeit. Sie sind dann in der Lage, für ihren Unterhalt selbst aufzukommen und sogar der Familie, die sie zurückgelassen haben, Geld zu schicken. Die Jahre vergehen und manche entscheiden sich, für immer zu bleiben. Andere ziehen es vor, nach Hause zurückzukehren und mit dem zurückgelegten Geld dort eine Existenz aufzubauen.
Doch nicht alle Einwanderer erreichen ihre Ziele. Oder sie haben eine Zeit lang Erfolg, aber er ist nicht von Dauer. Das Land, in dem sie sich aufhalten, wird vielleicht von einer Wirtschaftskrise getroffen und sie müssen nach Hause zurückkehren. Sie kommen mit leeren Händen zurück und müssen wieder bei null anfangen.
In der Bibel gibt es zwei Beispiele hierfür, die ähnlich und doch unterschiedlich sind: das Buch Rut und die kurze Erzählung von der Frau aus Schunem (2 Könige 8,1-6). Die Migranten im Buch Rut müssen wieder ganz von vorne anfangen, als sie zurückkehren, während es der Frau aus Schunem gelingt, nach ihrer Heimkehr ihren Besitz zurückzuerhalten.

Noch einmal von vorn anfangen
Rut und Noomi

Im Folgenden geht es um eine Frau, die zweimal ihre Heimat verließ und beide Male mit leeren Händen aufbrach. Ihr Name ist Noomi. Wegen einer Hungersnot wanderte sie mit ihrer Familie nach Moab aus. Eine Dürre hatte die Ernte zerstört. Doch Noomi erging es schlecht: Ihr Mann starb bald darauf, später starben auch ihre beiden Söhne. Sie fühlte sich völlig allein und verlassen. Und dazu waren auch ihre beiden Schwiegertöchter Witwen. Drei Witwen – eine furchtbare Tragödie!

Damals war der Tod des Ehemanns und der Söhne für eine Frau eine Katastrophe, denn Frauen zählten nicht viel. Es waren die Männer, die verantwortlich dafür waren, die Familie zu ernähren und sich um ihr Wohlergehen zu kümmern. Nun fand sich Noomi also allein in einem fremden Land wieder. Glücklicherweise sprachen die Leute dort eine der semitischen Sprachen von Kanaan, die dem Hebräischen ähnlich war, sodass sie sie ohne große Schwierigkeiten lernen konnte. Zudem waren ihre Schwiegertöchter gute Menschen. Sie liebten Noomi wie ihre eigene Mutter. Aber wie so viele Einwanderer wollte Noomi nach Hause zurück. Als sie hörte, dass die Hungersnot vorbei war, beschloss sie daher, mit ihren Schwiegertöchtern heimzukehren. Ihr Volk wiederzusehen, sich zuhause zu fühlen, zu ihren alten Gewohnheiten zurückzukehren – das war für Noomi eine Wende zum Guten. Doch dann würden ihre Schwiegertöchter, die ebenfalls Witwen waren, Fremde sein! Noomi verstand ihre Situation sehr gut. Kurz nach ihrem Aufbruch bat sie daher die Schwiegertöchter, umzukehren und zu den eigenen Eltern zurückzugehen. Sie stellte sich vor, dass sie ihr Leben wieder aufbauen konnten, indem sie eine neue Familie in ihrer eigenen Kultur gründeten.

Vielleicht hatten die Schiegertöchter gehofft, einen von Noomis Verwandten heiraten zu können, denn das war in diesen Kulturen so üblich. Wenn ein Ehemann starb, sollte die Witwe einen seiner Brüder oder nahen Verwandten heiraten, um dem Verstorbenen Kinder zu verschaffen. Aber Noomi wusste, dass das Leben in Betlehem für sie als Fremde hart werden würde. Eine der Schwiegertöchter wollte Noomi jedoch nicht verlassen. Sie hieß Rut und war eine bemerkenswerte, kluge und fleißige Frau. Sie traf die mutige Entscheidung, in dem Land zu leben, das nicht ihr eigenes war.

Am Ende wurde die Stadt Betlehem durch die Einwanderin aus Moab gesegnet. Ja, Rut wurde schließlich sogar zur Urgroßmutter von König David und damit auch eine Urahnin von Jesus. (Rut 1–4)

Es war die Zeit, als das Volk Israel noch von Richtern geführt wurde. Weil im Land eine Hungersnot herrschte, verließ ein Mann aus Betlehem im Gebiet von Juda seine Heimatstadt und suchte mit seiner Frau und seinen zwei Söhnen Zuflucht im Land Moab. Der Mann hieß Elime-

lech, die Frau Noomi; die Söhne waren Machlon und Kiljon. Die Familie gehörte zur Sippe Efrat, die in Betlehem in Juda lebte.
Während sie im Land Moab waren, starb Elimelech und Noomi blieb mit ihren beiden Söhnen allein zurück. Die Söhne heirateten zwei moabitische Frauen, Orpa und Rut. Aber zehn Jahre später starben auch Machlon und Kiljon, und ihre Mutter Noomi war nun ganz allein, ohne Mann und ohne Kinder.
Als sie erfuhr, dass der HERR seinem Volk geholfen hatte und es in Juda wieder zu essen gab, entschloss sie sich, das Land Moab zu verlassen und nach Juda zurückzukehren. Ihre Schwiegertöchter gingen mit.
Unterwegs sagte sie zu den beiden: »Kehrt wieder um! Geht zurück, jede ins Haus ihrer Mutter! Der HERR vergelte euch alles Gute, das ihr an den Verstorbenen und an mir getan habt. Er gebe euch wieder einen Mann und lasse euch ein neues Zuhause finden.«
Noomi küsste die beiden zum Abschied. Doch sie weinten und sagten zu ihr: »Wir verlassen dich nicht! Wir gehen mit dir zu deinem Volk.«
Noomi wehrte ab: »Kehrt doch um, meine Töchter! Warum wollt ihr mit mir gehen? Habe ich etwa noch Söhne zu erwarten, die eure Männer werden könnten? Geht, meine Töchter, kehrt um! Ich bin zu alt, um noch einmal zu heiraten. Und selbst wenn es möglich wäre und ich es noch heute tun würde und dann Söhne zur Welt brächte – wolltet ihr etwa warten, bis sie groß geworden sind? Wolltet ihr

so lange allein bleiben und auf einen Mann warten? Nein, meine Töchter! Ich kann euch nicht zumuten, dass ihr das bittere Schicksal teilt, das der Herr mir bereitet hat.«

Da weinten Rut und Orpa noch mehr. Orpa küsste ihre Schwiegermutter und nahm Abschied; aber Rut blieb bei ihr. Noomi redete ihr zu: »Du siehst, deine Schwägerin ist zu ihrem Volk und zu ihrem Gott zurückgegangen. Mach es wie sie, geh ihr nach!«

Aber Rut antwortete: »Dränge mich nicht, dich zu verlassen. Ich kehre nicht um, ich lasse dich nicht allein. Wohin du gehst, dorthin gehe ich auch; wo du bleibst, da bleibe ich auch. Dein Volk ist mein Volk und dein Gott ist mein Gott. Wo du stirbst, da will auch ich sterben; dort will ich begraben werden. Der Zorn des Herrn soll mich treffen, wenn ich nicht Wort halte: Nur der Tod kann mich von dir trennen!«

Als Noomi sah, dass Rut so fest entschlossen war, gab sie es auf, sie zur Heimkehr zu überreden. So gingen die beiden miteinander bis nach Betlehem.

Als sie dort ankamen, sprach es sich sofort in der ganzen Stadt herum und die Frauen riefen: »Ist das nicht Noomi?«

»Nennt mich nicht mehr Noomi«, sagte sie, »nennt mich Mara; denn Gott, der Gewaltige, hat mir ein sehr bitteres Schicksal bereitet. Mit meinem Mann und mit zwei Söhnen bin ich von hier weggezogen; arm und ohne Beschützer lässt der Herr mich heimkehren. Warum nennt ihr mich noch Noomi? Der Herr, der Gewaltige, hat sich gegen mich gewandt und mich ins Elend gestürzt.«

So war Noomi mit ihrer moabitischen Schwiegertochter Rut wieder nach Betlehem zurückgekehrt. Dort hatte gerade die Gerstenernte begonnen.
Noomi hatte von ihrem Mann her einen Verwandten namens Boas. Er gehörte zur Sippe Elimelechs und war ein tüchtiger Mann und wohlhabender Grundbesitzer. Eines Tages sagte die Moabiterin Rut zu ihrer Schwiegermutter: »Ich will hinausgehen und Ähren sammeln, die auf dem Feld liegen geblieben sind. Ich finde schon jemand, der freundlich zu mir ist und es mir erlaubt.«
»Geh nur, meine Tochter!«, sagte Noomi.
Rut kam zu einem Feld und sammelte Ähren hinter den Männern und Frauen her, die dort das Getreide schnitten und die Garben banden und wegtrugen. Es traf sich, dass das Feld zum Besitz von Boas gehörte.
Im Lauf des Tages kam Boas selbst aus der Stadt zu seinen Leuten heraus. »Gott sei mit euch!«, begrüßte er sie und sie erwiderten: »Der HERR segne dich!«
Boas fragte den Mann, der die Aufsicht über die anderen führte: »Wohin gehört diese junge Frau?«
Er antwortete: »Es ist eine Moabiterin, die mit Noomi gekommen ist. Sie hat gefragt, ob sie die Ähren auflesen darf, die unsere Leute liegen lassen. Seit dem frühen Morgen ist sie auf den Beinen, jetzt hat sie zum ersten Mal eine Pause gemacht und sich in den Schatten gesetzt.«
Da wandte sich Boas an Rut und sagte: »Hör auf meinen Rat! Geh nicht auf ein anderes Feld, um dort Ähren zu sammeln. Bleib hier und halte dich zu meinen Knechten und

Mägden. Geh hier auf dem Feld hinter ihnen her. Ich habe meinen Leuten befohlen, dich nicht zu hindern. Und wenn du Durst hast, geh zu den Krügen und trink von dem Wasser, das meine Leute sich dort schöpfen.«

Rut warf sich vor ihm zu Boden und fragte: »Wie kommt es, dass du so freundlich zu mir bist? Ich bin doch eine Fremde.«

Boas antwortete: »Ich weiß, was du seit dem Tod deines Mannes für deine Schwiegermutter getan hast; es wurde mir alles erzählt. Du hast deinen Vater und deine Mutter und deine Heimat verlassen und bist mit ihr zu einem Volk gegangen, das du vorher nicht kanntest. Der Herr vergelte dir, was du getan hast, und belohne dich reich dafür – der Gott Israels, zu dem du gekommen bist, um Schutz zu finden unter seinen Flügeln!«

»Du bist so freundlich zu mir!«, erwiderte Rut. »Du hast mich getröstet und mir Mut gemacht, obwohl ich noch viel geringer bin als eine deiner Mägde.«

Zur Essenszeit sagte Boas zu Rut: »Komm zu uns, iss von dem Brot und tunke es in den Most!« So setzte sie sich zu den Knechten und Mägden, und Boas gab ihr so reichlich geröstete Getreidekörner, dass sie sogar noch davon übrig behielt.

Als sie aufstand, um wieder Ähren zu sammeln, wies er seine Leute an: »Lasst sie auch zwischen den Garben sammeln und treibt sie nicht weg! Lasst absichtlich Ähren aus den Garben fallen, damit sie sie auflesen kann, und sagt ihr kein unfreundliches Wort!«

So sammelte Rut bis zum Abend und klopfte dann ihre Ähren aus. Sie hatte etwa 17 Kilo Gerste zusammengebracht. Sie trug alles in die Stadt und brachte es ihrer Schwiegermutter, und sie gab ihr auch, was von den gerösteten Körnern übrig geblieben war.
Noomi fragte sie: »Wo hast du heute Ähren gesammelt? Auf wessen Feld bist du gewesen? Gott segne den, der dir das erlaubt hat!«
»Der Mann, auf dessen Feld ich heute war«, antwortete Rut, »hieß Boas.«
Da sagte Noomi zu ihr: »Der HERR segne ihn! Jetzt sehe ich, dass der HERR uns nicht im Stich gelassen hat, uns Lebende nicht und nicht unsere Toten. Du musst wissen«, fuhr sie fort, »Boas ist mit uns verwandt. Er ist einer von den Lösern, die uns nach dem Gesetz beistehen müssen.«
Rut, die Moabiterin, erzählte: »Er hat zu mir gesagt, ich soll mich zu seinen Leuten halten, bis sie die ganze Ernte eingebracht haben.«
Noomi sagte: »Es ist gut, meine Tochter, wenn du mit den Leuten von Boas gehst. Auf einem anderen Feld werden sie vielleicht nicht so freundlich zu dir sein.«
Während der ganzen Gerstenernte und auch noch der Weizenernte hielt sich Rut zu den Leuten von Boas und las Ähren auf. Als die Ernte vorbei war, blieb sie auch tagsüber bei ihrer Schwiegermutter.
Eines Tages sagte Noomi zu Rut: »Meine Tochter, ich möchte, dass du wieder einen Mann und eine Heimat bekommst. Du weißt, dass Boas, mit dessen Leuten du auf

dem Feld warst, mit uns verwandt ist. Er arbeitet heute Abend mit der Worfschaufel auf der Tenne, um die Spreu von der Gerste zu trennen. Bade und salbe dich, zieh deine besten Kleider an und geh zur Tenne. Sieh zu, dass er dich nicht bemerkt, bevor er mit Essen und Trinken fertig ist. Pass gut auf, wo er sich hinlegt, und wenn er schläft, schlüpfe unter seine Decke und lege dich neben ihn. Er wird dir dann schon sagen, was du tun sollst.«

»Ich werde alles so machen, wie du gesagt hast«, antwortete Rut. Dann ging sie zur Tenne und verfuhr genau nach den Anweisungen ihrer Schwiegermutter.

Als Boas gegessen und getrunken hatte, legte er sich gut gelaunt und zufrieden am Rand des Getreidehaufens schlafen. Leise ging Rut zu ihm hin, schlüpfte unter die Decke und legte sich neben ihn. Um Mitternacht schrak Boas auf und tastete um sich. An ihn geschmiegt lag – eine Frau. »Wer bist du?«, fragte er und bekam die Antwort: »Ich bin Rut, deine Sklavin! Breite deinen Gewandsaum über mich und nimm mich zur Frau; du bist doch der Löser!«

Boas erwiderte: »Der HERR segne dich! Was du jetzt getan hast, zeigt noch mehr als alles bisher, wie treu du zur Familie deiner Schwiegermutter hältst. Du hättest ja auch den jungen Männern nachlaufen können und jeden bekommen, ob arm oder reich.

Nun, meine Tochter, sei unbesorgt! Ich werde tun, worum du mich gebeten hast. Jeder in der Stadt weiß, dass du eine tüchtige Frau bist. Doch da ist noch ein Punkt: Es stimmt zwar, dass ich ein Löser bin und dir helfen muss; aber es

gibt noch einen zweiten, der den Vortritt hat, weil er näher verwandt ist als ich.
Bleib die Nacht über hier! Morgen früh werde ich ihn vor die Wahl stellen, ob er der Verpflichtung nachkommen will oder nicht. Wenn nicht, werde ich es tun. Das verspreche ich dir, so gewiss der Herr lebt. Bleib jetzt liegen bis zum Morgen!«
Rut blieb neben ihm liegen; aber in aller Frühe, noch bevor ein Mensch den andern erkennen konnte, stand sie auf. Denn Boas sagte: »Es darf nicht bekannt werden, dass eine Frau auf der Tenne war.«
Dann sagte er noch zu ihr: »Nimm dein Umschlagtuch ab und halte es auf!« Er füllte einen halben Zentner Gerste hinein und hob ihr die Last auf die Schulter. Dann ging er in die Stadt.
Als Rut nach Hause kam, fragte ihre Schwiegermutter: »Wie ist es dir ergangen, meine Tochter?« Rut erzählte alles, was Boas für sie getan und zu ihr gesagt hatte. »Und diese ganze Menge Gerste hat er mir mitgegeben«, fügte sie hinzu. »Er sagte: ›Du darfst nicht mit leeren Händen zu deiner Schwiegermutter kommen.‹ «
Noomi antwortete: »Bleib nun hier, meine Tochter, und warte ab, wie die Sache ausgeht. Der Mann wird nicht ruhen, bis er sie noch heute geordnet hat.«
Boas war inzwischen zum Versammlungsplatz am Stadttor gegangen und hatte sich dort hingesetzt. Da ging gerade der andere Löser, von dem Boas gesprochen hatte, vorbei. Boas rief ihm zu: »Komm hierher und setz dich«, und der

Mann tat es. Dann holte Boas zehn Männer, die zu den Ältesten der Stadt gehörten, und sagte zu ihnen: »Setzt euch hierher zu uns!«
Als sie sich gesetzt hatten, sagte er zu dem anderen Löser: »Du weißt, dass Noomi aus dem Land Moab zurückgekehrt ist. Sie bietet den Landanteil zum Verkauf an, der unserem Verwandten Elimelech gehört hat. Ich wollte dir das sagen und dir den Vorschlag machen: Erwirb den Landanteil Elimelechs in Gegenwart der hier sitzenden Männer und in Gegenwart der Ältesten meines Volkes! Sag, ob du deiner Verpflichtung nachkommen und von deinem Recht als Löser Gebrauch machen willst oder nicht. Ich will es wissen, denn du bist als Erster an der Reihe und nach dir komme ich.«
Der andere antwortete: »Ich mache das!«
Boas fuhr fort: »Wenn du von Noomi das Feld Elimelechs übernimmst, musst du zugleich die Verpflichtung übernehmen, für die Moabiterin Rut zu sorgen und anstelle ihres verstorbenen Mannes einen Sohn zu zeugen. Dem wird später das Feld zufallen, damit der Name des Verstorbenen auf dessen Erbbesitz weiterlebt.«
»Wenn es so ist, verzichte ich«, sagte der andere. »Ich schädige sonst meinen eigenen Erbbesitz. Ich trete dir mein Recht als Löser ab. Ich kann es nicht wahrnehmen.«
Dann zog er seinen Schuh aus und gab ihn Boas mit den Worten: »Erwirb du das Feld!« Mit diesem Zeichen bestätigte man früher in Israel bei Geschäftsabschlüssen den Wechsel des Besitzrechtes an Grund und Boden.

Boas wandte sich an die Ältesten und die anderen anwesenden Männer und sagte: »Ihr seid heute Zeugen, dass ich von Noomi alles erworben habe, was Elimelech und seinen Söhnen Kiljon und Machlon gehörte. Ich habe damit auch die Moabiterin Rut, die Witwe Machlons, als Frau erworben und die Verpflichtung übernommen, an Machlons Stelle einen Sohn zu zeugen, dem sein Erbbesitz gehören wird. Machlons Name soll in seiner Sippe nicht vergessen werden, und seine Familie soll in dieser Stadt und in Israel bestehen bleiben. Ihr habt meine Erklärung gehört und seid dafür Zeugen.«

Die Ältesten und alle Männer auf dem Platz am Tor sagten: »Wir sind dafür Zeugen! Der Herr mache die Frau, die in dein Haus kommt, kinderreich wie Rahel und Lea, die zusammen das Haus Israel groß gemacht haben. Mögest du in der Sippe Efrat zu Reichtum und Einfluss gelangen und möge dein Name berühmt werden in Betlehem. Durch die Nachkommen, die der Herr dir durch diese Frau geben wird, soll deine Familie so bedeutend werden wie die Familie von Perez, dem Sohn von Tamar und Juda.«

So nahm Boas Rut zur Frau. Der Herr ließ sie schwanger werden und sie gebar einen Sohn.

Da sagten die Frauen zu Noomi: »Der Herr sei gepriesen! Er hat dir heute in diesem Kind einen Löser geschenkt. Möge der Name des Kindes berühmt werden in Israel! Es wird dir neuen Lebensmut geben und wird im Alter für dich sorgen. Denn es ist ja der Sohn deiner Schwiegertochter, die in Liebe zu dir hält. Wahrhaftig, an ihr hast du mehr als an sieben Söhnen!«

Noomi nahm das Kind auf ihren Schoß und wurde seine Pflegemutter.

Ihre Nachbarinnen kamen, um ihm einen Namen zu geben, denn sie sagten: »Noomi ist ein Sohn geboren worden!« Und sie gaben ihm den Namen Obed. Obed wurde der Vater Isais, Isai der Vater des Königs David.

Dies ist die Liste der Nachkommen von Perez: Perez zeugte Hezron, Hezron zeugte Ram, Ram zeugte Amminadab, Amminadab zeugte Nachschon, Nachschon zeugte Salmon, Salmon zeugte Boas, Boas zeugte Obed, Obed zeugte Isai und Isai zeugte David.

Rückkehr ins Ungewisse

Die Frau aus Schunem

Wenn Menschen gezwungen sind auszuwandern, stellt sich ihnen das Problem, Besitz zurücklassen zu müssen, besonders wenn sie plötzlich aufbrechen müssen, z. B. wegen Krieg oder Todesdrohungen. Frauen, Kinder, alte und behinderte Menschen sind meistens am schlimmsten betroffen. Viele Auswanderer können nicht mehr mitnehmen, als sie tragen können. Wenn sie später zurückkehren, ist es nicht leicht, das Eigentum zurückzuerhalten. So erging es auch einer Frau aus Schunem, die ihre Heimat und ihren Grundbesitz wegen einer Hungersnot verlassen musste. Als sie zurückkam, musste sie zum König gehen, der das Land zu dieser Zeit regierte, und ihn um Hilfe bitten, um ihren Besitz zurückzuerhalten.

Zur Vorgeschichte: Die Frau lebte in Schunem, einem Dorf westlich des Jordan-Flusses, etwa 25 km vom Berg Karmel entfernt. Sie verstand sich sehr gut mit dem Propheten Elischa und hatte sogar ein kleines Zimmer auf dem Flachdach ihres Hauses gebaut, damit der Prophet eine eigene Bleibe hatte, wenn er durch Schunem kam. Elischa war ihr dankbar und sagte ihr, dass sie im folgenden Jahr einen Sohn zur Welt bringen werde. Das war etwas völlig Außergewöhnliches, denn ihr Mann war schon alt und sie selbst hatte bis dahin keine Kinder bekommen. Ein Jahr später brachte sie tatsächlich einen Sohn zur Welt. Doch dann wurde der Sohn schwer krank und starb. Da ritt sie auf einem Esel zum Berg Karmel, wo der Prophet sich aufhielt. Sie wollte von ihm wissen, warum sie mit einem Sohn gesegnet worden war, nur damit er dann starb. Das beunruhigte den Propheten und er ging sofort mit ihr zurück nach Schunem. Sie hatte das Kind in das Zimmer gelegt, in dem Elischa sonst wohnte. So stieg Elischa zu dem Zimmer hinauf und betete zu Gott, ihn wieder lebendig zu machen. Gott erhörte sein Gebet. Das Kind erwachte wieder zum Leben (2 Könige 4,8-37).

Einige Zeit später mussten die Schunemiterin und ihr Sohn nun also auswandern. Es war der Prophet Elischa, der der Schunemiterin und ihrem Sohn geraten hatte, mit ihrer Familie wegzugehen, um der Hungersnot zu entkommen. Es scheint ihm ein besonderes Anliegen gewesen zu sein, dass die Menschen genug zu essen hatten. Mehrmals kümmert er sich darum, dass Menschen nicht hungern müssen. In dem Kapitel der Bibel, in dem sich die Geschichte der Frau aus Schunem findet, gibt es zwei weitere Erzählungen über Menschen ohne Nahrung. Eine berichtet von einer sehr armen Witwe, die nichts mehr zu essen hatte. Ihr Gläubiger wollte ihr bereits ihre beiden Söhne wegnehmen und sie als Sklaven arbeiten lassen, um die Schulden ihres verstorbenen Mannes abzubezahlen. Aber Elischa half ihr, eine Lösung zu finden (2 Könige 4,1-7). Am Ende des Kapitels versorgt er eine Gruppe von Propheten, die mit den Folgen der Hungersnot zu kämpfen hatten, mit Nahrung (2 Könige 4,38-44).

Die Schunemiterin zog also mit ihrer Familie in das benachbarte Philisterland, wo es Nahrung gab. Sieben Jahre lang lebten sie dort als Migranten, obwohl die Philister eigentlich Feinde Israels waren. Vielleicht lernte sie neue Bräuche und neue Techniken kennen – und natürlich die andere Sprache. Denn die Philister waren kein semitisches Volk. Sie haben wohl eine indoeuropäische Sprache gesprochen. Sie waren berühmt für ihre Fertigkeiten in der Eisenherstellung und für ihre Kochkünste.

Aber wie so viele, die fern von ihrem Heimatland leben, wollte die Schunemiterin nach Hause zurück. Das war nicht so einfach. Sie musste ihr Haus und ihre Äcker zurückfordern, die sie durch ihren Weggang verloren hatte.

Lesen Sie selbst, ob sie schließlich Erfolg hatte. (2 Könige 8,1-6)

Elischa hatte der Frau, deren Sohn er wieder lebendig gemacht hatte, die Weisung gegeben: Zieh weg von hier und suche für dich und deine Familie anderswo ein Unterkommen! Denn der HERR schickt eine Hungersnot ins Land, die sieben Jahre lang anhalten wird.« Die Frau tat, was der Mann Gottes ihr befohlen hatte, und blieb mit den Ihren sieben Jahre im Land der Philister. Dann kehrte sie nach Israel zurück und wandte sich an den König, um ihr Haus und ihre Äcker zurückzubekommen.

Der König sprach gerade mit Gehasi, dem Diener Elischas. Er hatte ihn gebeten: »Erzähl mir doch von den Wundertaten, die Elischa vollbracht hat!« Und gerade als Gehasi ihm erzählte, wie Elischa einmal einen toten Jungen wieder lebendig gemacht hatte, erschien die Frau vor dem König und bat ihn um Hilfe wegen des Hauses und wegen der Äcker.

»Mein Herr und König«, sagte Gehasi, »das ist die Frau, deren Sohn wieder lebendig wurde, und hier ist auch ihr Sohn!« Da ließ sich der König noch einmal alles von der Frau selbst erzählen. Dann gab er ihr einen Hofbeamten mit und befahl ihm: »Sorge dafür, dass sie alles zurückbekommt, was ihr gehört. Und sieh zu, dass sie auch vollen Ersatz bekommt für alles, was man in den Jahren ihrer Abwesenheit auf ihren Feldern geerntet hat!«

Flucht vor Unterdrückung

Xenophobie ist die Angst vor Fremden oder Ausländern. Solche Fremdenfeindlichkeit gab es schon immer und gibt es auch unter uns heute. Um sich ihrer eigenen Identität zu vergewissern, lehnen Menschen oft alles Fremde ab. Auch wenn wir heute im Zeitalter der Globalisierung leben, stellen viele Gruppen immer ihre eigene Kultur ins Zentrum und lehnen den Einfluss anderer Kulturen ab. Tatsächlich hat die Fremdenfeindlichkeit unter den steigenden Zuwanderungszahlen in der heutigen Zeit sogar zugenommen. Das beeinflusst dann oft auch die offizielle Regierungspolitik.

Oft läuft es wie folgt ab: In einem Land kommen Menschen an, die z.B. vor Hunger oder Verfolgung geflohen sind. Sie bleiben und leben dort als Immigranten. Ihre Familien werden nach und nach größer. Sie halten an ihren eigenen Sitten und Bräuchen und an ihrer Sprache fest – bis zu dem Punkt, dass das Land, das sie aufgenommen hat, sie als Problem ansieht und sich bedroht fühlt. Die Fremdenfeindlichkeit verschärft sich und die Zuwanderer werden diskriminiert. Mitunter fürchten die Regierungen, dass diese Gruppen revoltieren oder auf andere Weise Unruhe stiften. Daher leiten sie strenge Maßnahmen gegen sie ein. Möglicherweise weisen sie sie aus oder unterwerfen sie der Zwangsarbeit. In extremen Fällen werden die Gruppen sogar physisch bedroht oder gar vernichtet. Besonders beschämend war z. B. das Schicksal der Afrikaner, die als Sklaven nach Amerika gebracht wurden, um dort auf Plantagen oder in Bergwerken für die Reichen zu arbeiten oder ihnen als Personal in Privathäusern zu dienen. Viele flohen aus der Unterdrückung und Abhängigkeit und emigrierten weiter an andere Orte, an denen es keine Sklaverei gab. Die Menschen mussten bei der Planung ihrer Flucht äußerst vorsichtig vorgehen. Diese Schicksale aus der jüngeren Geschichte erinnern uns an das Leid des Volkes Israel in Ägypten, wie es im Buch 2 Mose/Exodus beschrieben ist.

Ihr Schreien drang zu Gott
Der Auszug des Volkes Israel aus Ägypten

Der Auszug aus Ägypten markiert den eigentlichen Beginn der Geschichte des Volkes Israel. Mit ihm fing alles an. Die Israeliten waren wegen einer Hungersnot nach Ägypten ausgewandert. Es ging ihnen gut dort. So ließen sie sich nieder und vermehrten sich. Nach einiger Zeit fühlte sich der Pharao, die höchste Autorität im ägyptischen Reich, von diesen Fremden bedroht. Daher verpflichtete er die Männer zur Zwangsarbeit. Später entschloss er sich, die neugeborenen Jungen töten zu lassen. Der Pharao wusste: Wenn die Menschen extremem Druck ausgesetzt sind, haben sie keine Zeit, über ihre Freiheit nachzudenken (2 Mose/Exodus 5,9). Doch die Israeliten schrien so erbarmungswürdig um Hilfe, dass Gott ihre Gebete erhörte. Gott beschloss, sie aus der Sklaverei in Ägypten zu befreien, und zwar durch einen Mann namens Mose.

Moses eigene Geschichte war wundersam. Als Baby wurde er von seiner hebräischen Mutter in einem Binsenkörbchen im Schilf des Nil versteckt, damit er nicht getötet wurde. Später sorgte seine ägyptische Adoptivmutter dafür, dass er behütet aufwachsen konnte. Diejenigen, die die Befreiung des Volkes Israel vorbereiteten, zeigten eine erstaunliche Cleverness, wenn es darum ging, ihre Ziele zu erreichen. Sie hatten Erfolg dank der Hilfe und Führung Gottes, der sich als viel mächtiger erwies als der Pharao von Ägypten. (Auszüge aus 2 Mose/Exodus 1–12)

Zusammen mit Jakob, der auch Israel heißt, waren elf seiner zwölf Söhne mit ihren Familien nach Ägypten ausgewandert, nämlich: Ruben, Simeon, Levi und Juda, Issachar, Sebulon und Benjamin, Dan und Naftali, Gad und Ascher. Josef war schon vorher nach Ägypten gekommen. Insgesamt waren es mit Kindern und Enkeln siebzig direkte Nachkommen Jakobs.

Dann waren Josef und seine Brüder gestorben. Von ihrer ganzen Generation lebte niemand mehr. Aber ihre Nachkommen, die Israeliten, waren fruchtbar und vermehrten sich; sie nahmen überhand und wurden so zahlreich, dass sie das Land füllten.

Da kam in Ägypten ein neuer König an die Macht, der von Josef nichts mehr wusste. Er sagte zu seinen Leuten: »Die Israeliten sind so zahlreich und stark, dass sie uns gefährlich werden. Wir müssen etwas unternehmen, damit sie nicht noch stärker werden. Sie könnten sich sonst im Kriegsfall auf die Seite unserer Feinde schlagen, gegen uns kämpfen und dann aus dem Land fortziehen.«
Die Ägypter setzten deshalb Aufseher ein, um die Israeliten mit Fronarbeit unter Druck zu halten. Die Männer mussten für den Pharao die Vorratsstädte Pitom und Ramses bauen. Aber je mehr man die Israeliten unterdrückte, desto zahlreicher wurden sie und desto mehr breiteten sie sich aus. Den Ägyptern wurde das unheimlich.
Darum ließen sie die Männer Israels als Sklaven für sich arbeiten, misshandelten sie und machten ihnen das Leben zur Hölle. Sie zwangen sie, aus Lehm Ziegel herzustellen und harte Feldarbeit zu verrichten.

Hier folgt die Geschichte von der Geburt und wundersamen Rettung von Mose sowie seiner Flucht in das Land Midian.

Das Schreien der Israeliten drang zu Gott, und er erinnerte sich an den Bund, den er mit Abraham, Isaak und Jakob geschlossen hatte. Er wandte sich den Israeliten zu und kümmerte sich um sie.
Mose hütete die Schafe und Ziegen seines Schwiegervaters Jitro, des Priesters von Midian. Als er die Herde tief in die

Wüste hineintrieb, kam er eines Tages an den Gottesberg, den Horeb.
Dort erschien ihm der Engel des Herrn in einer lodernden Flamme, die aus einem Dornbusch schlug. Mose sah nur den brennenden Dornbusch, aber es fiel ihm auf, dass der Busch von der Flamme nicht verzehrt wurde.
»Das ist doch seltsam«, dachte er. »Warum verbrennt der Busch nicht? Das muss ich mir aus der Nähe ansehen!«
Als der Herr sah, dass Mose näher kam, rief er ihn aus dem Busch heraus an: »Mose! Mose!«
»Ja«, antwortete Mose, »ich höre!«
»Komm nicht näher!«, sagte der Herr. »Zieh deine Schuhe aus, denn du stehst auf heiligem Boden.«
Dann sagte er: »Ich bin der Gott, den dein Vater verehrt hat, der Gott Abrahams, Isaaks und Jakobs.«
Da verhüllte Mose sein Gesicht, denn er fürchtete sich, Gott anzusehen.
Weiter sagte der Herr: »Ich habe genau gesehen, wie mein Volk in Ägypten unterdrückt wird. Ich habe gehört, wie es um Hilfe schreit gegen seine Antreiber. Ich weiß, wie sehr es leiden muss, und bin herabgekommen, um es von seinen Unterdrückern zu befreien. Ich will es aus Ägypten führen und in ein fruchtbares und großes Land bringen, ein Land, das von Milch und Honig überfließt. Ich bringe es in das Land der Kanaaniter, Hetiter, Amoriter, Perisiter, Hiwiter und Jebusiter.
Ich habe den Hilfeschrei der Leute von Israel gehört, ich habe gesehen, wie grausam die Ägypter sie unterdrücken.

Deshalb geh jetzt, ich schicke dich zum Pharao! Du sollst mein Volk, die Israeliten, aus Ägypten herausführen.«
Aber Mose wandte ein: »Ich? Wer bin ich denn! Wie kann ich zum Pharao gehen und das Volk Israel aus Ägypten herausführen?«
Gott antwortete: »Ich werde dir beistehen. Und das ist das Zeichen, an dem du erkennst, dass ich dich beauftragt habe: Wenn du das Volk aus Ägypten herausgeführt hast, werdet ihr mir an diesem Berg Opfer darbringen und mich anbeten.«
Mose sagte zu Gott: »Wenn ich nun zu den Leuten von Israel komme und zu ihnen sage: ›Der Gott eurer Vorfahren hat mich zu euch geschickt‹, und sie mich dann fragen: ›Wie ist sein Name?‹ – was soll ich ihnen sagen?«
Gott antwortete: »Ich bin da«, und er fügte hinzu: »Sag zum Volk Israel: ›Der Ich-bin-da hat mich zu euch geschickt: der HERR! Er ist der Gott eurer Vorfahren, der Gott Abrahams, Isaaks und Jakobs.‹ Denn ›HERR‹ (Er-ist-da) ist mein Name für alle Zeiten. Mit diesem Namen sollen mich auch die kommenden Generationen ansprechen, wenn sie zu mir beten.
Geh nun und rufe die Ältesten des Volkes Israel zusammen! Sag zu ihnen: ›Der HERR, der Gott eurer Vorfahren, ist mir erschienen, der Gott Abrahams, Isaaks und Jakobs. Er hat zu mir gesagt: Ich habe genau gesehen, was man euch in Ägypten antut. Darum bin ich entschlossen, euch aus diesem Land herauszuführen, in dem ihr so unterdrückt werdet. Ich bringe euch in das Land der Kanaaniter, Hetiter,

Amoriter, Perisiter, Hiwiter und Jebusiter, ein Land, das von Milch und Honig überfließt.‹

Wenn du so zu ihnen sprichst, werden die Ältesten des Volkes auf dich hören. Dann musst du mit ihnen zum König von Ägypten gehen, und ihr sollt zu ihm sagen: ›Der Herr, der Gott der Hebräer, ist uns erschienen. Deshalb wollen wir drei Tagereisen weit in die Wüste gehen und dort dem Herrn, unserem Gott, Opfer darbringen.‹

Ich weiß, dass der König von Ägypten euch nicht gehen lässt; er wird sich durch keine Macht der Welt dazu zwingen lassen. Aber dann werde ich meine Hand ausstrecken und die Ägypter schlagen, ich werde Schrecken erregende Wunder in ihrer Mitte vollbringen. Und dann wird er euch ziehen lassen.

Ich werde sogar dafür sorgen, dass die Ägypter euch wohlgesinnt sein werden und ihr nicht mit leeren Händen wegziehen müsst. Alle Frauen aus Israel sollen sich vor dem Aufbruch von ihren ägyptischen Nachbarinnen Silber- und Goldschmuck erbitten und festliche Kleider. Das können dann eure Söhne und Töchter tragen. Auf diese Weise sollt ihr die Ägypter berauben.«

Der Herr sagte zu Aaron: »Geh Mose entgegen in die Wüste!«

Aaron machte sich auf den Weg. Beim Gottesberg traf er Mose und küsste ihn. Mose erzählte ihm, welchen Auftrag er vom Herrn erhalten hatte und was für Wunder er tun sollte.

Dann gingen die beiden nach Ägypten und versammelten alle Ältesten des Volkes Israel. Aaron berichtete ihnen alles,

was der HERR zu Mose gesagt hatte, und Mose vollbrachte vor den Augen des ganzen Volkes die Wunder, zu denen Gott ihn bevollmächtigt hatte.
Da glaubten ihm die Israeliten. Sie begriffen, dass der HERR ihre Unterdrückung gesehen hatte und ihnen helfen wollte. Und sie warfen sich anbetend vor dem HERRN nieder.
Nun gingen Mose und Aaron zum Pharao und sagten: »So spricht der HERR, der Gott Israels: ›Lass mein Volk ziehen, damit es in der Wüste ein Fest für mich feiern kann!‹ «
»Der HERR? Wer ist das?«, erwiderte der Pharao. »Was hat er mir zu befehlen? Ich kenne keinen ›HERRN‹ und denke gar nicht daran, das Volk Israel gehen zu lassen.«
Mose und Aaron sagten: »Er ist der Gott der Hebräer, und er ist uns erschienen. Deshalb wollen wir jetzt drei Tagereisen weit in die Wüste gehen und ihm dort Opfer darbringen. Sonst wird er uns mit Krankheit oder Krieg strafen.«
Der Ägypterkönig fuhr sie an: »Was denkt ihr euch eigentlich, dass ihr das Volk von der Arbeit abhalten wollt? Macht, dass ihr fortkommt! An eure Fronarbeit!«
Und er sagte noch: »Sie sind schon so zahlreich, und da wollt ihr ihnen auch noch eine Arbeitspause verschaffen!«
Am selben Tag befahl der Pharao den ägyptischen Antreibern und den Listenführern aus dem Volk Israel: »Ihr dürft den Leuten jetzt nicht mehr das Stroh liefern, das sie zur Herstellung der Ziegelsteine brauchen. Sie sollen es sich selbst zusammensuchen! Aber sie müssen genauso viele Ziegel abliefern wie bisher. Ihr dürft ihnen nichts erlassen.

Faul sind sie, deshalb schreien sie: ›Wir wollen in die Wüste und unserem Gott Opfer darbringen.‹ Sie stehen nicht genug unter Druck. Verlangt von ihnen noch mehr, dann werden sie sich von diesen Verführern nichts vormachen lassen.«

Die Antreiber und die Listenführer gingen hin und sagten zu den Israeliten: »So spricht der Pharao: ›Ich lasse euch von jetzt ab kein Stroh mehr liefern. Geht selbst und sucht euch welches! Ihr müsst aber genauso viele Ziegel abliefern wie bisher.‹ «

So verteilten sich die Männer Israels über das ganze Land und sammelten Stroh auf den Feldern. Die Ägypter aber trieben sie an und sagten: »Ihr müsst jeden Tag genauso viele Ziegel abliefern wie früher, als euch noch Stroh gestellt wurde!« Die Antreiber schlugen die Listenführer der Israeliten, die sie eingesetzt hatten, und schrien sie an: »Ihr habt heute schon wieder zu wenig Ziegel abgeliefert!«

Da beschwerten sich die Listenführer beim Pharao: »Warum tust du uns das an? Wir sind doch immer deine treuen Diener gewesen! Man hat unseren Leuten kein Stroh geliefert und doch sollen sie Ziegel herstellen. Sogar geschlagen hat man uns. Die Schuld liegt bei deinen eigenen Leuten!«

Der Pharao antwortete: »Faul seid ihr, ganz einfach faul! Deswegen schreit ihr: ›Wir wollen in die Wüste und unserem Gott Opfer darbringen.‹ Macht, dass ihr wieder an eure Arbeit kommt! Stroh bekommt ihr nicht; aber die vorgeschriebene Anzahl Ziegel wird abgeliefert!«

Da sahen die Listenführer aus dem Volk, dass alles nichts half: Die Israeliten mussten pro Tag die gleiche Menge Ziegel herstellen wie bisher.

Als die Listenführer der Israeliten vom Pharao kamen, trafen sie auf Mose und Aaron, die auf sie warteten. Sie überhäuften die beiden mit Vorwürfen: »Ihr habt uns beim Pharao und seinen Leuten nur verhasst gemacht! Ihr habt ihnen eine Waffe in die Hand gegeben, mit der sie uns töten werden. Der HERR soll euch dafür strafen!«

Mose wandte sich an den HERRN und sagte: »Herr, warum handelst du so schlecht an deinem Volk? Wozu hast du mich überhaupt hierhergeschickt? Seit ich zum Pharao gegangen bin und ihm deinen Befehl überbracht habe, hat er das Volk nur noch mehr misshandelt. Und du hast nichts getan, um dein Volk zu retten!«

Darauf sagte der HERR zu Mose: »Jetzt wirst du erleben, was ich mit dem Pharao machen werde. Ich werde ihn zwingen, die Israeliten gehen zu lassen, ja, er wird sie sogar mit Gewalt aus seinem Land forttreiben.«

Da sprach Gott zu Mose und sagte: »Ich bin der HERR. Als Gott, der Gewaltige, bin ich Abraham, Isaak und Jakob erschienen; aber unter meinem Namen ›der HERR‹ habe ich mich ihnen noch nicht zu erkennen gegeben. Doch ich habe meinen Bund mit ihnen geschlossen und ihnen das Land Kanaan zugesagt, in dem sie als Fremde lebten.

Ich habe das Schreien der Leute von Israel gehört, die von den Ägyptern zur Arbeit gezwungen werden. Deshalb will ich jetzt meine Zusage einlösen. Richte deinem Volk aus:

›Ich bin der HERR! Ich werde euch aus dem Frondienst für die Ägypter wegholen und aus der Zwangsarbeit befreien, die sie euch auferlegt haben. Mit meinem ausgestreckten Arm werde ich euch retten und eure Unterdrücker hart bestrafen. Ich will euch als mein Volk annehmen und will euer Gott sein. Dann werdet ihr erkennen, dass ich der HERR bin, euer Gott, der euch aus dem Frondienst für die Ägypter befreit. Ich bringe euch in das Land, das ich Abraham, Isaak und Jakob mit einem Eid versprochen habe; ich gebe es euch, ihren Nachkommen, als bleibenden Besitz. Ich bin der HERR!‹ «

Mose sagte dies alles den Israeliten, aber sie glaubten ihm nicht, so erschöpft waren sie von der harten Arbeit; sie waren völlig entmutigt.

Da sagte der HERR zu Mose:

»Geh jetzt zum Pharao, dem König von Ägypten, und verlange, dass er das Volk Israel aus seinem Land ziehen lässt!«

Aber Mose erwiderte: »Nicht einmal die Leute von Israel haben mir geglaubt, wie sollte da der Pharao auf mich hören? Ich bin ja auch so ungeschickt im Reden.«

Der HERR aber schickte Mose und Aaron von Neuem zu den Israeliten und zum Pharao, weil er sein Volk aus Ägypten herausführen wollte.

Darauf sagte der HERR zu Mose: »Ich bevollmächtige dich, vor den Pharao hinzutreten, als wärst du Gott, und dein Bruder Aaron wird dein Prophet sein. Du sagst Aaron alles,

was ich dir auftrage, und er fordert dann vom Pharao, dass er die Israeliten aus seinem Land ziehen lässt.
Ich werde jedoch den Pharao starrsinnig machen, damit ich umso mehr meine Macht durch Staunen erregende Wundertaten erweisen kann. Der Pharao wird eure Forderung ablehnen, und dann werden die Ägypter meine Hand zu spüren bekommen. Durch schwere Strafgerichte werde ich es so weit bringen, dass ich mein Volk, die Israeliten, aus Ägypten führen kann.
Wenn ich so meine Hand gegen die Ägypter erhebe und das Volk Israel mitten aus ihrem Land wegführe, dann werden die Ägypter erkennen, dass ich der HERR bin.«
Mose und Aaron folgten genau den Anweisungen des HERRN. Mose war damals 80 und Aaron 83 Jahre alt.
Der HERR sagte zu Mose und Aaron: »Wenn euch der Pharao auffordert, euch durch ein Wunder auszuweisen, dann sagst du, Mose, zu Aaron: ›Nimm deinen Stock und wirf ihn vor dem Pharao auf den Boden!‹ Dann wird er zu einer Schlange werden.«
Mose und Aaron gingen zum Pharao und taten, was ihnen der HERR aufgetragen hatte. Aaron warf seinen Stock vor dem Pharao und seinen Ministern auf den Boden und er wurde zur Schlange.
Aber der Pharao rief seine Magier und Beschwörer, und sie vollbrachten mit ihren Zauberkünsten dasselbe. Jeder von ihnen warf seinen Stock auf den Boden und er wurde zu einer Schlange.

Doch Aarons Stock verschlang die Stöcke der Ägypter. Trotzdem blieb der Pharao starrsinnig und schlug ihre Forderung ab, genau wie der Herr es vorausgesagt hatte.
Um Mitternacht tötete der Herr alle Erstgeborenen in Ägypten, angefangen vom erstgeborenen Sohn des Pharaos, der sein Nachfolger auf dem Thron werden sollte, bis zum Erstgeborenen des Gefangenen im Kerker, auch jede Erstgeburt beim Vieh.
In jener Nacht wurden der Pharao, seine Minister und alle Ägypter aus dem Schlaf aufgeschreckt. Lautes Wehgeschrei erhob sich, denn es gab kein Haus bei den Ägyptern, in dem nicht ein Toter war.
Noch in derselben Nacht ließ der Pharao Mose und Aaron rufen und drängte sie: »Schnell, verlasst das Land! Geht fort von meinem Volk, ihr und die anderen Israeliten! Bringt dem Herrn eure Opfer, wie ihr es verlangt habt. Nehmt eure Schafe, Ziegen und Rinder mit, aber geht! Bittet euren Gott, dass er auch mich segnet!«
Die Ägypter drängten das Volk, schleunigst das Land zu verlassen. »Sonst kommen wir noch alle um!«, sagten sie.
Die Israeliten nahmen ihren Brotteig ungesäuert in den Backtrögen mit; die Männer trugen die Tröge in ihr Obergewand gewickelt auf ihren Schultern.
Nach der Anweisung Moses hatten die Leute von den Ägyptern Schmuckstücke aus Silber und Gold und festliche Kleider erbeten. Der Herr hatte dafür gesorgt, dass die Ägypter ihnen wohlgesinnt waren und ihnen alles gaben, was sie verlangten. Auf diese Weise beraubten sie die Ägypter.

Die Israeliten brachen von Ramses auf und zogen nach Sukkot. Es waren etwa sechshunderttausend, die Frauen, Kinder und Alten nicht mitgezählt. Auch eine erhebliche Zahl von Fremden schloss sich ihnen an. Große Herden von Schafen, Ziegen und Rindern führten sie mit.
Aus dem Teig, den sie ungesäuert aus Ägypten mitgenommen hatten, backten sie Fladenbrote. Sie hatten aus Ägypten aufbrechen müssen, noch ehe der Sauerteig dem Brotteig zugesetzt war, und hatten auch keine Verpflegung für unterwegs vorbereitet.
Vierhundertunddreißig Jahre lang hatten die Israeliten in Ägypten gelebt. Nach Ablauf dieser Zeit, an dem genannten Tag, zog das Volk des HERRN in geordneten Scharen aus Ägypten aus.
Während der Nacht, in der sie der HERR aus Ägypten herausführte, wachte er über sie. Seitdem ist diese Nacht für alle in Israel eine Nacht, in der sie zur Ehre des HERRN wach bleiben.
Die Leute von Israel befolgten alles, was der HERR ihnen durch Mose befohlen hatte.
An jenem Tag führte der HERR das Volk Israel in geordneten Scharen aus Ägypten heraus.

In der Wüste

Am 30. Oktober 2013 berichteten die Nachrichtenagenturen auf der ganzen Welt, dass in der nigrischen Wüste, wenige Kilometer von der algerischen Grenze entfernt, die Leichen von 87 Flüchtlingen gefunden worden waren. Darunter waren 48 Kinder. Die Flüchtlinge wollten nach Algerien. Die Flucht durch die Wüste ist sehr gefährlich und endet oft tödlich. In einem Artikel in *The Guardian* vom Juni 2013 war zu lesen, dass in den vergangenen zehn Jahren mehr als 2000 Flüchtlinge in der Sonora-Wüste in Mexiko umgekommen sind. Die häufigste Todesursache war Wassermangel, zusammen mit Temperaturen, die im Sommer am Tag auf bis zu 54°C ansteigen. Die Flüchtlinge kamen aus Zentralamerika oder Mexiko und wollten – auf der Suche nach dem amerikanischen Traum – in die Vereinigten Staaten. Sie wollten ein Leben voller Perspektivlosigkeit hinter sich lassen und in ein Land ziehen, das ihnen die elementaren Lebensgrundlagen bieten kann: Nahrung und Arbeit.

Das größte Problem für diese Migranten ist das Fehlen von Papieren, mit denen sie legal einreisen können, ohne von den Behörden aufgehalten, inhaftiert oder in ihr eigenes Land zurückgeschickt zu werden. Da sie nicht legal einreisen können, entscheiden sie sich für die

Durchquerung der Wüste und setzen dabei ihr Leben aufs Spiel. Die Erzählungen derer, die es geschafft haben, zeugen von den enormen Schwierigkeiten, denen sie sich stellen mussten: die tödliche Gefahr giftiger Schlangenbisse, die unerträgliche Hitze, der Mangel an Schatten, Nahrungs- und Trinkwasserknappheit, die Kälte in der Nacht und Führer, die sie ausbeuten – sogenannte Schlepper. Aber sie erzählen auch von der Hilfe, die sie von wohlmeinenden Menschen erhalten haben, z. B. von den »Wüstenengeln«. Das ist eine Gruppe von mexikanischen und US-amerikanischen Bürgern, die es sich zur Aufgabe gemacht haben, nach Flüchtlingen zu suchen und sie zu retten, sodass sie nicht in der Wüste oder in der Bergregion bei San Diego in Kalifornien umkommen. Sie deponieren Wasser, Lebensmittel und andere lebensnotwendige Dinge an strategischen Stellen entlang der Flüchtlingsroute. Viele Flüchtlinge sehen das als Hilfe von Gott, der sie auch in der Wüste begleitet.

Auch die Israeliten, die vor der Unterdrückung in Ägypten flohen und sich auf den Weg in das versprochene Land machten, durchquerten die Wüste. Natürlich waren die Bedingungen ganz anders als bei heutigen Migranten. Aber auch ihre Reise war voller Schwierigkeiten. Mehrmals verloren sie den Mut und wollten sogar nach Ägypten zurückkehren. Aber Mose war kein Schlepper, der sein Volk betrügen und übervorteilen wollte. Er befolgte die Weisungen, die Gott ihm gegeben hatte. Und so wurde

die Durchquerung der Wüste zu einer tiefen, reinigenden Erfahrung für die israelitischen Migranten.
Für Mose und Aaron war es nicht leicht, ein ganzes Volk auf seinem Weg zu führen. Disziplin und gute Organisation waren während der Reise wichtig. Moses Schwiegervater gab ihnen Ratschläge, wie sie die Dinge am besten organisieren konnten, um die Reise erträglicher zu machen. Die israelitischen Migranten mussten auch sorgfältig über ihre Zukunft als Volk nachdenken: Welche Regeln sollten für das Gemeinschaftsleben gelten? Sie durften nicht unvorbereitet an ihrem Ziel ankommen. Ihr Gott gab ihnen durch Mose Gesetze, die ihr Zusammenleben regeln sollten. Und er führte sie heil durch alle Gefahren der Wüste.

Hunger und Durst

Gott versorgt sein Volk in der Wüste

Die Israeliten mussten schnell aufbrechen, denn sie wussten, dass die Ägypter sie verfolgen würden, um sie zu zwingen, ihnen weiter als Sklaven zu dienen. Sie nahmen nur wenig mit – genauso wie heutige Flüchtlinge, die eine Wüste durchqueren. Die Hitze erschöpft die Kräfte schnell. Am besten nehmen sie einige unverderbliche Nahrungsmittel mit, ein paar Flaschen Wasser und Geld, um Essen bei anderen Migranten zu kaufen, die etwas übrig haben.

Bereits kurz nachdem die Israeliten Ägypten verlassen hatten, wurden sie hungrig und durstig. Mose ging auf ihre Not ein und musste viel Überzeugungsarbeit leisten. Tatsächlich überlebten die Israeliten und kamen in das versprochene Land. Lesen Sie selbst die Geschichte von diesen Migranten in der Wüste. (2 Mose/Exodus 16)

Von Elim zogen die Israeliten weiter in die Wüste Sin, die zwischen Elim und dem Berg Sinai liegt. Sie kamen dorthin am 15. Tag im 2. Monat nach dem Aufbruch aus Ägypten.
Hier in der Wüste rottete sich die ganze Gemeinde Israel gegen Mose und Aaron zusammen. Sie murrten: »Hätte der HERR uns doch getötet, als wir noch in Ägypten waren! Dort saßen wir vor vollen Fleischtöpfen und konnten uns an Brot satt essen. Aber ihr habt uns herausgeführt und in diese Wüste gebracht, damit die ganze Gemeinde verhungert!«
Der HERR sagte zu Mose: »Ich werde euch Brot vom Himmel regnen lassen. Die Leute sollen vors Lager hinausgehen und so viel sammeln, wie sie für den Tag brauchen – aber nicht mehr, damit ich sehe, ob sie mir gehorchen. Am sechsten Tag sollen sie so viel sammeln, wie sie finden. Wenn sie es zubereiten, werden sie entdecken, dass es doppelt so viel ist, wie sie sonst gesammelt haben.«
Mose und Aaron sagten nun zu allen Israeliten: »Heute Abend werdet ihr erkennen, dass der HERR es war, der euch aus Ägypten herausgeführt hat. Und morgen früh werdet

ihr die Herrlichkeit des Herrn sehen. Er hat euer Murren gehört. Denn ihn habt ihr angeklagt, nicht uns. Wer sind wir schon, dass ihr euch über uns beschwert? Er wird euch am Abend Fleisch geben und am Morgen Brot, dass ihr euch satt essen könnt. Gegen ihn habt ihr Klage geführt, nicht gegen uns. Wer sind denn schon wir?«

Dann sagte Mose zu Aaron: »Befiehl der ganzen Gemeinde Israel: ›Kommt her und stellt euch vor dem Herrn auf, denn er hat euer Murren gehört!‹ «

Kaum hatte sich das Volk mit dem Blick zur Wüste aufgestellt, da erschien auch schon von dort her die Herrlichkeit des Herrn in der Wolke. Der Herr sagte zu Mose: »Ich habe das Murren der Israeliten gehört und lasse ihnen sagen: ›Gegen Abend werdet ihr Fleisch zu essen bekommen und am Morgen so viel Brot, dass ihr satt werdet. Daran sollt ihr erkennen, dass ich der Herr, euer Gott, bin.‹ «

Am Abend kamen Wachteln und ließen sich überall im Lager nieder, und am Morgen lag rings um das Lager Tau. Als der Tau verdunstet war, blieben auf dem Wüstenboden feine Körner zurück, die aussahen wie Reif.

Als die Leute von Israel es sahen, sagten sie zueinander: »Was ist denn das?« Denn sie wussten nichts damit anzufangen.

Mose aber erklärte ihnen: »Dies ist das Brot, mit dem der Herr euch am Leben erhalten wird. Und er befiehlt euch: ›Sammelt davon, so viel ihr braucht, pro Person einen Krug voll. Jeder soll so viel sammeln, dass es für seine Familie ausreicht.‹ «

Die Leute gingen und sammelten, die einen mehr, die andern weniger. Als sie es aber abmaßen, hatten die, die viel gesammelt hatten, nicht zu viel, und die, die wenig gesammelt hatten, nicht zu wenig. Jeder hatte gerade so viel gesammelt, wie er brauchte.

Mose sagte zu ihnen: »Niemand soll etwas davon bis zum anderen Morgen aufheben!«

Einige hörten nicht auf ihn und legten etwas für den anderen Tag zurück, aber am Morgen war es voller Maden und stank. Da wurde Mose zornig, weil sie nicht auf ihn gehört hatten.

Morgen für Morgen sammelte nun jeder, so viel er brauchte. Sobald die Sonne höher stieg, zerschmolz der Rest, der nicht aufgesammelt worden war.

Am sechsten Tag stellten sie fest: Sie hatten doppelt so viel gesammelt wie an den anderen Tagen, zwei Krüge pro Person. Die führenden Männer der Gemeinde kamen zu Mose und berichteten es ihm. Er sagte zu ihnen: »Damit ist genau das eingetroffen, was der HERR angekündigt hatte. Denn morgen ist Ruhetag, der heilige Tag, der dem HERRN gehört, der Sabbat. Backt und kocht von dem, so viel ihr heute essen wollt; den Rest bewahrt für morgen auf.«

Nach der Weisung Moses legten die Leute beiseite, was überschüssig war, und siehe da: Am anderen Morgen stank es nicht und es fand sich keine Made darin.

Mose sagte: »Esst das heute! An diesem Tag ist Sabbat, der Tag, der dem HERRN gehört; da werdet ihr draußen nichts

finden. Jeweils sechs Tage lang sollt ihr sammeln, aber am siebten Tag, dem Sabbat, ist nichts da.«
Trotzdem gingen ein paar von ihnen am siebten Tag hinaus und wollten sammeln; aber sie fanden nichts. Da sagte der HERR zu Mose: »Wie lange weigert ihr euch noch, mir zu gehorchen und meine Gebote und Anordnungen zu befolgen? Weil ich euch den Sabbat als Ruhetag gegeben habe, darum gebe ich euch am sechsten Tag Nahrung für zwei Tage. Am siebten Tag sollt ihr alle im Lager bleiben, niemand darf hinausgehen.«
So beging das ganze Volk den siebten Tag als Ruhetag.
Die Leute von Israel nannten diese Speise das Manna. Es war weiß wie Koriandersamen und schmeckte wie Honigkuchen.
Mose sagte zum Volk: »Der HERR hat befohlen, eine Tagesration Manna für eure Nachkommen aufzubewahren. Sie sollen sehen, womit er euch in der Wüste am Leben erhielt, nachdem er euch aus Ägypten herausgeführt hatte.«
Dann sagte er zu Aaron: »Nimm einen Krug und fülle ihn mit einer Tagesration Manna! Stelle ihn im Heiligtum des HERRN auf, als Erinnerung für die künftigen Generationen.«
Aaron tat es und stellte den Krug vor die Lade mit dem Bundesgesetz.
Vierzig Jahre lang aßen die Israeliten Manna, die ganze Zeit, während der sie in der Wüste umherzogen, bis sie in das Land Kanaan kamen.

Organisation ist das halbe Leben
Jitros Rat

Normalerweise verlassen Migranten ihre Heimat mit einem Plan für die bevorstehende Reise. Wenn Plan A versagt, gehen sie zu Plan B oder C über. Unterwegs legen sie zusammen mit ihren Familien oder mit anderen Migranten Prioritäten fest. Wenn ein ganzes Volk auf der Wanderschaft ist, muss es Regeln geben, um Streit untereinander und unnötige Verzögerungen zu vermeiden. Das gilt besonders, wenn der Weg bis zum gewählten Ziel sehr weit ist.
Auch Mose musste das Zusammenleben des Volkes auf der Reise organisieren. Sein Schwiegervater Jitro stand ihm dabei mit seinem klugen Rat zur Seite. (2 Mose/Exodus 18,1-7.13-27)

Jitro, der Priester von Midian, der Schwiegervater von Mose, erfuhr, was Gott alles für Mose und für sein Volk Israel getan und dass er die Israeliten aus Ägypten herausgeführt hatte.
Da machte er sich mit seiner Tochter Zippora auf den Weg. Mose hatte nämlich seine Frau Zippora vorsichtshalber zu ihrem Vater zurückgeschickt. Jitro nahm auch die beiden Söhne Zipporas mit. Der ältere hieß Gerschom (Gast-dort), weil Mose bei seiner Geburt gesagt hatte: »Ich bin Gast in einem fremden Land geworden«; der jüngere hieß Eliëser (Gott hilft), denn Mose hatte gesagt: »Der Gott meines

Vaters hilft mir, er hat mich vor dem Schwert des Pharaos gerettet.«

Moses Schwiegervater kam also mit den Familienangehörigen Moses zu ihm an den Lagerplatz in der Wüste, zum Gottesberg. Er ließ Mose ausrichten: »Dein Schwiegervater Jitro ist gekommen! Auch deine Frau ist da und bringt deine beiden Söhne mit!«

Da ging Mose seinem Schwiegervater entgegen, beugte sich nieder und küsste ihn. Nachdem sie einander begrüßt hatten, gingen sie in Moses Zelt.

Am nächsten Tag setzte sich Mose hin, um in Streitfällen Recht zu sprechen. Die Leute drängten sich vor ihm vom Morgen bis zum Abend.

Als sein Schwiegervater sah, wie viel Arbeit Mose damit hatte, fragte er ihn: »Was machst du dir da für eine Mühe? Die Leute drängen sich vor dir vom Morgen bis zum Abend. Musst du das alles alleine tun?«

Mose sagte: »Was soll ich machen? Sie wollen eine Entscheidung von Gott haben. Wenn zwei von ihnen Streit haben, kommen sie zu mir. Ich entscheide ihren Fall und sage ihnen die Gesetze und Weisungen Gottes.«

Sein Schwiegervater erwiderte: »Du musst das anders anfassen. Es ist einfach zu viel für dich; du kannst nicht alles alleine tun. Du reibst dich sonst noch auf, und auch für die Leute ist es viel zu anstrengend. Pass auf, was ich dir rate – Gott möge seinen Segen dazu geben!

Deine Aufgabe soll es sein, in schwierigen Rechtsfällen die Entscheidung Gottes einzuholen. Du sollst ihnen auch die

Gebote und Anordnungen Gottes erklären und ihnen sagen, welche Regeln für das Zusammenleben des Volkes gelten sollen.
Für die leichteren Streitfälle aber wählst du angesehene Männer aus, die nach Gottes Geboten leben, zuverlässig und unbestechlich sind. Setze sie ein als Verantwortliche für jeweils tausend, hundert, fünfzig und zehn. Sie sollen dem Volk jederzeit als Schiedsleute zur Verfügung stehen und die gewöhnlichen Rechtsfälle entscheiden; nur mit den schwierigeren Fällen kommen sie zu dir. Mach dir die Last leichter, lass sie daran mittragen!
Wenn Gott damit einverstanden ist und du so verfährst, wirst du unter der Last deines Amtes nicht zusammenbrechen, und die Leute werden immer zufrieden nach Hause gehen.«
Mose nahm den Rat seines Schwiegervaters an und handelte danach. Er wählte aus allen Stämmen Israels angesehene Männer aus und setzte sie als Verantwortliche über je tausend, hundert, fünfzig und zehn. Sie entschieden von nun an die einfacheren Streitfälle und legten Mose nur die schwierigen Fälle zur Entscheidung vor.
Darauf verabschiedete Mose seinen Schwiegervater, und Jitro kehrte wieder in sein Land zurück.

Gemeinsame Regeln als Basis des Zusammenlebens
Die Zehn Gebote und andere Lebensregeln

Wenn Menschen sich entscheiden auszuwandern, haben sie immer auch Vorstellungen vom neuen Leben, das sie erwartet – es sei denn, sie fliehen spontan vor unmittelbareren Todesdrohungen. Woran sollen sie sich orientieren? Was soll ihr Leben bestimmen?
Entsprechend hat Mose dem Volk in Gottes Auftrag Regeln und Richtlinien gegeben. Als die Israeliten sich dann in dem neuen Land niederließen, konnten sie dort in Frieden miteinander leben. Natürlich sind manche dieser Gebote und Verbote vor dem Hintergrund der damaligen Zeit zu verstehen. Doch viele haben bis heute nichts an Bedeutung verloren. (aus 2 Mose/Exodus 20,1-17; 21,1; 21,12–23,9)

Dann gab Gott dem Volk seine Gebote. Er sagte:
»Ich bin der Herr, dein Gott! Ich habe dich aus Ägypten herausgeführt, ich habe dich aus der Sklaverei befreit. Du sollst keine anderen Götter neben mir haben.
Du sollst dir kein Gottesbild anfertigen. Mach dir überhaupt kein Abbild von irgendetwas im Himmel, auf der Erde oder im Meer.
Wirf dich nicht vor fremden Göttern nieder und diene ihnen nicht. Denn ich, der Herr, dein Gott, bin ein leidenschaftlich liebender Gott und erwarte auch von dir ungeteilte Liebe. Wenn sich jemand von mir abwendet, dann

ziehe ich dafür noch seine Nachkommen zur Rechenschaft bis in die dritte und vierte Generation. Wenn mich aber jemand liebt und meine Gebote befolgt, dann erweise ich auch noch seinen Nachkommen Liebe und Treue, und das über Tausende von Generationen hin.

Du sollst den Namen des Herrn, deines Gottes, nicht missbrauchen; denn der Herr wird jeden bestrafen, der das tut.

Halte den Ruhetag in Ehren, den siebten Tag der Woche! Er ist ein heiliger Tag, der dem Herrn gehört. Sechs Tage sollst du arbeiten und alle deine Tätigkeiten verrichten; aber der siebte Tag ist der Ruhetag des Herrn, deines Gottes. An diesem Tag sollst du nicht arbeiten, auch nicht dein Sohn oder deine Tochter, dein Sklave oder deine Sklavin, dein Vieh oder der Fremde, der bei dir lebt. Denn in sechs Tagen hat der Herr Himmel, Erde und Meer mit allem, was lebt, geschaffen. Am siebten Tag aber ruhte er. Deshalb hat er den siebten Tag der Woche gesegnet und zu einem heiligen Tag erklärt, der ihm gehört.

Du sollst deinen Vater und deine Mutter ehren. Dann wirst du lange in dem Land leben, das dir der Herr, dein Gott, gibt.

Du sollst nicht morden.

Du sollst nicht die Ehe brechen.

Du sollst nicht stehlen.

Du sollst nichts Unwahres über deinen Mitmenschen sagen.

Du sollst nicht versuchen, etwas an dich zu bringen, das deinem Mitmenschen gehört, weder seine Frau noch seinen Sklaven oder seine Sklavin, sein Rind oder seinen Esel noch irgendetwas anderes, das ihm gehört.«

Der Herr gab Mose für das Zusammenleben der Israeliten die folgenden Gesetze:

Wer einen anderen so schwer schlägt, dass er stirbt, wird mit dem Tod bestraft.

Hat er ihn nicht vorsätzlich getötet, sondern die Hand ist ihm ausgeglitten, weil Gott es so zugelassen hat, so kann er an einen Ort fliehen, den der Herr dafür bestimmen wird.

Wenn er aber seinen Mitmenschen vorsätzlich und hinterhältig getötet hat, kann er auch am Altar des Herrn keinen Schutz finden; ihr müsst ihn von dort wegholen und hinrichten.

Wer seinen Vater oder seine Mutter schlägt, wird mit dem Tod bestraft.

Wer einen Menschen geraubt hat, wird mit dem Tod bestraft, gleichgültig, ob er ihn schon verkauft oder noch in seiner Gewalt hat.

Wer seinen Vater oder seine Mutter verflucht, wird mit dem Tod bestraft.

Wenn Männer sich streiten und einer verletzt dabei den andern mit einem Stein oder einer Hacke, sodass er bettlägerig wird, aber später wieder aufstehen und draußen am Stock umherlaufen kann, dann wird der Täter nur zu einer Ersatzleistung verurteilt. Er muss dem Verletzten ein Entgelt für die Arbeitsunfähigkeit geben und ihm die Heilungskosten erstatten.

Wenn jemand seinen Sklaven mit einem Stock schlägt und er auf der Stelle stirbt, verfällt er der Blutrache. Wenn jedoch der Geschlagene noch ein oder zwei Tage am Leben bleibt, geht der Besitzer straffrei aus; es handelt sich ja um sein Eigentum. Diese Regelung gilt genauso bei einer Sklavin.

Wenn Männer sich streiten und sie stoßen dabei eine schwangere Frau und sie hat eine Fehlgeburt, es ist aber kein weiterer Schaden entstanden, dann soll der Schuldige eine Geldstrafe zahlen, die der Mann der betreffenden Frau festlegen kann. Die Zahlung der Ersatzsumme muss gerichtlich bestätigt werden.

Trägt jedoch die Frau einen Schaden davon, so gilt für das Strafmaß der Grundsatz: Leben für Leben, Auge für Auge, Zahn für Zahn, Hand für Hand, Fuß für Fuß, Brandwunde für Brandwunde, Verletzung für Verletzung, Strieme für Strieme.

Wenn jemand seinem Sklaven ein Auge ausschlägt, soll er ihn zur Entschädigung freilassen. Auch wenn er ihm einen Zahn ausschlägt, soll er ihn dafür freilassen. Diese Regelung gilt genauso bei einer Sklavin.

Wenn jemand ein Rind, ein Schaf oder eine Ziege stiehlt und das Tier schlachtet oder verkauft, muss er für das Rind fünffachen Ersatz geben und vierfachen für das Schaf oder die Ziege.

Wenn ein Dieb bei einem nächtlichen Einbruch ertappt und so geschlagen wird, dass er stirbt, dann gilt der, der ihn geschlagen hat, nicht als Mörder. War jedoch die Sonne schon aufgegangen, zählt es als Mord.

Ein Dieb muss für das Gestohlene vollen Ersatz leisten. Falls er dazu nicht imstande ist, muss er selbst als Sklave verkauft werden. Hat er ein Stück Vieh – Rind, Esel, Schaf oder Ziege – gestohlen und es wird noch lebend bei ihm gefunden, muss er doppelten Ersatz leisten.
Wenn ein Mann einem anderen Geld oder Wertsachen zur Aufbewahrung anvertraut und etwas davon wird aus dem Haus dieses anderen gestohlen, dann muss der Dieb, wenn er gefasst wird, den doppelten Betrag erstatten. Kann er nicht ermittelt werden, muss der Besitzer des Hauses einen Eid vor Gott schwören, dass er nicht selbst das Eigentum des anderen an sich genommen hat.
Immer wenn zwei Männer sich um etwas streiten, um ein Rind, einen Esel, ein Schaf oder eine Ziege, ein Kleidungsstück oder irgendetwas sonst, und jeder behauptet, es sei sein Eigentum, dann sollen sie sich einem Gottesurteil unterwerfen. Wer als schuldig daraus hervorgeht, muss dem anderen das Doppelte erstatten.
Leiht sich ein Mann von einem anderen ein Tier und es bricht sich ein Bein oder stirbt, während der Eigentümer nicht zugegen ist, so muss er vollen Ersatz leisten. War jedoch der Eigentümer zugegen, muss er keinen Ersatz leisten. War das Tier gemietet, so ist der Verlust durch den Mietpreis abgegolten.
Wenn ein Mann ein unberührtes Mädchen verführt, das noch nicht verlobt ist, muss er den Brautpreis bezahlen und sie heiraten.

Weigert sich ihr Vater, sie ihm zu geben, so muss er trotzdem den üblichen Brautpreis für eine Jungfrau bezahlen.
Weiter ließ der HERR dem Volk Israel durch Mose sagen:
»Ihr dürft die Fremden, die bei euch leben, nicht ausbeuten oder unterdrücken. Vergesst nicht, dass ihr selbst in Ägypten Fremde gewesen seid.
Nutzt die Schutzlosigkeit der Witwen und Waisen nicht aus! Wenn ihr es dennoch tut und sie zu mir um Hilfe schreien, werde ich, der HERR, bestimmt darauf hören. Ich werde in furchtbaren Zorn geraten und euch durch das Schwert eurer Feinde töten. Eure Frauen werde ich zu Witwen machen und eure Kinder zu Waisen.
Wenn du einem Armen aus meinem Volk Geld leihst, verhalte dich ihm gegenüber nicht wie ein Wucherer. Verlange keine Zinsen von ihm!
Falls du von einem anderen Israeliten das Obergewand zum Pfand nimmst, so gib es vor Sonnenuntergang wieder zurück. Denn sein Obergewand ist das Einzige, womit er sich warm halten kann. Worin soll er sonst schlafen? Wenn er sich bei mir über dich beklagt, werde ich ihn hören; denn ich bin barmherzig.
Ihr sollt Gott nicht lästern und ein Oberhaupt eures Volkes nicht verfluchen.
Von euren Ernteerträgen an Getreide und Wein dürft ihr mir meinen Anteil nicht vorenthalten.
Eure erstgeborenen Söhne müsst ihr mir übereignen und ebenso die Erstgeburten eurer Rinder, Schafe und Ziegen. Sieben Tage lang soll das erstgeborene Jungtier bei sei-

ner Mutter bleiben; am achten Tag sollt ihr es mir übereignen.
Weil ihr mir als ein heiliges Volk gehört, sollt ihr kein Fleisch von einem Tier essen, das von einem Raubtier gerissen und auf freiem Feld tot aufgefunden worden ist. Ihr sollt es den Hunden hinwerfen.
Bring bei einem Gerichtsverfahren keine Gerüchte vor. Lass dich von jemand, der Unrecht getan hat, nicht für eine falsche Zeugenaussage gewinnen. Schließ dich nicht der Mehrheit an, wenn sie auf der Seite des Unrechts steht. Musst du in einer Gerichtsverhandlung als Zeuge aussagen, so beuge dich nicht einer Mehrheit, die das Recht verdreht. Du darfst aber auch nicht den Armen und Schwachen widerrechtlich begünstigen.
Wenn du siehst, dass ein Tier deines Feindes sich verlaufen hat, ein Rind oder ein Esel, dann bring es ihm ohne Zögern zurück! Ist der Esel deines Feindes unter seiner Last zusammengebrochen und du kommst gerade dazu, so geh nicht weiter, sondern hilf ihm, das Tier wieder auf die Beine zu bringen.
Bei einem Gerichtsverfahren darfst du niemand sein Recht vorenthalten, nur weil er arm ist. Verweigere deine Mitwirkung bei einem betrügerischen Prozess. Verurteile keinen Unschuldigen zum Tod; ein solches Unrecht lasse ich nicht durchgehen. Nimm von den Prozessierenden keine Geschenke an; denn das trübt das Urteilsvermögen und verführt die ehrenwertesten Männer dazu, das Recht zu verdrehen.

Beutet die Fremden nicht aus, die bei euch leben. Ihr wisst doch, wie es einem Fremden zumute ist, weil ihr selbst in Ägypten als Fremde gelebt habt.«

Mutlosigkeit und Versuchung
Das Goldene Kalb

Migranten erleben auf ihrem Weg oft Phasen der Entmutigung. Denn zu einer Flucht gehört es fast unweigerlich dazu, dass man Hindernisse überwinden muss und sich Gefahren ausgesetzt sieht. Es ist nicht ungewöhnlich, wenn die Migranten dann mit Zweifeln und Ängsten zu kämpfen haben und ihr eigentliches Ziel aus den Augen verlieren. Eine Wüste zu durchqueren ist nicht leicht.
Auch dem Volk Israel erging es so. Auf dem Weg durch die Wüste vergaßen sie ihren Gott, der sie aus der Unterdrückung in Ägypten befreit hatte, und suchten Halt bei einem selbstgemachten Gott – mit verheerenden Folgen. (2 Mose/Exodus 32,1-8.15-35)

Das Volk Israel unten im Lager hatte lange auf die Rückkehr von Mose gewartet. Als er immer noch nicht kam, liefen alle Männer bei Aaron zusammen und forderten: »Mach uns einen Gott, der uns schützt und führt! Denn was aus diesem Mose geworden ist, der uns aus Ägypten hierhergeführt hat – niemand weiß es.«

Aaron sagte zu ihnen: »Nehmt euren Frauen, Söhnen und Töchtern die goldenen Ringe ab, die sie an den Ohren tragen, und bringt sie her!«

Alle nahmen ihre goldenen Ohrringe ab und brachten sie zu Aaron. Er schmolz sie ein, goss das Gold in eine Form und machte daraus das Standbild eines Jungstiers.

Da riefen alle: »Hier ist dein Gott, Israel, der dich aus Ägypten hierhergeführt hat!«

Aaron errichtete vor dem goldenen Stierbild einen Altar und ließ im Lager bekannt machen: »Morgen feiern wir ein Fest für den Herrn!« Früh am nächsten Morgen brachten die Leute Tiere, die als Brandopfer dargebracht oder für das Opfermahl geschlachtet wurden. Sie setzten sich zum Essen und Trinken nieder und danach begannen sie einen wilden Tanz.

Da sagte der Herr zu Mose: »Steig schnell hinunter! Dein Volk, das du aus Ägypten hierhergeführt hast, läuft ins Verderben. Sie sind sehr schnell von dem Weg abgewichen, den ich ihnen mit meinen Geboten gewiesen habe: Ein gegossenes Kalb haben sie sich gemacht, sie haben es angebetet und ihm Opfer dargebracht und gerufen: ›Hier ist dein Gott, Israel, der dich aus Ägypten hierhergeführt hat!‹ «

Mose stieg den Berg hinunter. In der Hand hatte er die zwei Steintafeln, die auf beiden Seiten beschrieben waren. Gott selbst hatte die Tafeln gemacht und mit eigener Hand das Bundesgesetz darauf geschrieben.

Als Josua das Lärmen und Schreien im Lager hörte, sagte er zu Mose: »Es ist Krieg ausgebrochen!«
»Nein«, widersprach Mose, »das hört sich nicht an wie Siegesjubel und auch nicht wie das Klagegeschrei nach einer Niederlage. Ich höre Festgesang!«
Als Mose näher kam, sah er das Stierbild und das wild tanzende Volk. Da packte ihn der Zorn und er zerschmetterte die Tafeln auf dem Felsboden am Fuß des Berges. Das Götterbild, das sie gemacht hatten, schmolz er ein und zerstampfte es dann zu Pulver. Das Pulver vermischte er mit Wasser und gab es den Leuten von Israel zu trinken.
Zu Aaron aber sagte er: »Was hat dir das Volk getan, dass du es in so schwere Schuld gestürzt hast?«
Aaron erwiderte: »Sei nur nicht zornig! Du weißt doch, wie sehr das Volk zum Bösen neigt. Sie drängten mich: ›Mach uns einen Gott, der uns schützt und führt! Denn was aus diesem Mose geworden ist, der uns aus Ägypten hierhergeführt hat – niemand weiß es.‹ Da sagte ich zu ihnen: ›Wer goldenen Schmuck hat, soll ihn herbringen!‹ Sie gaben mir das Gold, ich warf es ins Feuer und herausgekommen ist dieser Stier!«
Mose sah, dass das Volk zügellos geworden war; denn Aaron hatte die Zügel schleifen lassen, zur Schadenfreude ihrer Feinde. Darum stellte Mose sich ans Lagertor und rief: »Her zu mir, wer zum HERRN hält!«
Alle Leviten sammelten sich um ihn und er sagte zu ihnen: »So spricht der HERR, der Gott Israels: ›Nehmt euer Schwert und geht durch das ganze Lager, von einem Tor zum an-

dern! Tötet alle, die schuldig geworden sind, selbst eure Brüder, Verwandten und Freunde!‹ «

Die Leviten führten den Befehl aus und töteten an jenem Tag dreitausend Mann. Darauf sagte Mose zu den Leviten: »Weiht euch heute zum Priesterdienst für den HERRN! Weder Sohn noch Bruder habt ihr geschont, darum wird der HERR seinen Segen auf euch legen.«

Am folgenden Tag sagte Mose zum Volk: »Ihr habt schwere Schuld auf euch geladen. Darum will ich jetzt zum HERRN hinaufsteigen. Vielleicht kann ich erreichen, dass er euch die Schuld vergibt.«

Mose kehrte zum HERRN zurück und sagte: »Ach Herr, das Volk hat sich schwer gegen dich vergangen! Einen Gott aus Gold haben sie gemacht. Vergib doch ihre Schuld! Wenn nicht, dann streiche meinen Namen aus dem Buch, in dem die Namen der Deinen eingetragen sind.«

Der HERR aber sagte: »Ich streiche nur den Namen dessen aus meinem Buch, der sich gegen mich vergangen hat. Geh jetzt und führe das Volk an den Ort, den ich dir gesagt habe. Mein Engel wird vor dir hergehen. Wenn die Zeit gekommen ist, werde ich dieses Volk für seine Verfehlung bestrafen.«

Der HERR aber ließ eine Seuche unter den Israeliten wüten, weil sie Aaron dazu verleitet hatten, für sie das Götzenbild zu machen.

Flucht vor Verfolgung

Viele Menschen müssen ihre Heimat verlassen, um ihre Haut zu retten. Vielleicht haben sie selbst etwas Unrechtes getan, z. B. jemanden betrogen, beraubt oder gar getötet, und fürchten sich nun vor Rache. Das kann zwischen Verwandten geschehen, zwischen Nachbarn bei Schlägereien in berüchtigten Wohnvierteln oder zwischen verfeindeten Banden. Es können auch wirtschaftliche oder politische Faktoren zugrunde liegen. Oder es geht um einen Machtkampf. Solche Kämpfe gab es immer schon, z. B. bei Thronanwärtern wie Saul, David und anderen Königen der Bibel oder, in der weltlichen Geschichte, zwischen den römischen Herrschern und später zwischen den europäischen Monarchien und in Diktaturen. Wenn ein Diktator an der Macht ist, müssen viele Menschen auswandern, die nicht bereit sind, sich ihm anzupassen. In letzter Zeit haben sich in manchen Ländern illegale bewaffnete Gruppen gebildet, auch paramilitärische und Guerilla-Gruppen, die drohen, jeden zu töten, der sie anzeigt oder der sich weigert, sie mit Geld zu unterstützen. In Kolumbien sind ganze Volksgruppen innerhalb des Landes auf der Flucht, weil die Paramilitärs ihnen gedroht haben, sie zu töten, wenn sie ihr Land nicht verlassen. Und schließlich werden Menschen auch bedroht, weil sie einer anderen Religion angehören, wie man das zwischen Christen und Muslimen in einigen Teilen des Mittleren Ostens beobachten kann.

Die Bibel kennt viele Beispiele, bei denen Menschen fliehen, weil ihr Leben in Gefahr ist. Zu nennen ist etwa die spannende Geschichte von Esau, der seinen Bruder Jakob bedroht. Auch Jesus wurde bedroht, als er noch ein kleines Kind war, und zwar durch den König Herodes. Später, nach seinem Tod, mussten einige seiner Jünger aus Jerusalem fliehen. Die Bedrohung war real – sie hatten mit ihren eigenen Augen gesehen, wie Stephanus, einer aus ihrer Gruppe, ermordet worden war.

Die Bibel kennt die interessante Einrichtung von besonderen Städten, in die sich Menschen, die jemanden getötet hatten und nun selbst mit dem Tod bedroht wurden, flüchten konnten und in denen sie Schutz fanden. Diese Städte wurden »Asylstädte« genannt.

Brüderzwist

Jakob flieht vor Esau

Es scheint, die Zwillingsbrüder Jakob und Esau haben sich nie gut verstanden. Ihre Mutter Rebekka fühlte sie schon in ihrem Bauch miteinander kämpfen (1 Mose/Genesis 25,22). Esau spürte, dass Jakob ihm immer Hindernisse in den Weg legte, sogar als sie zur Welt kamen! Esau wurde zuerst geboren. Danach kam Jakob heraus und hielt dabei die Ferse seines Bruders fest. Als Junge hatte Esau eher schlichte Interessen. Er lebte in den Tag hinein. Im Gegensatz dazu war Jakob schlau und ehrgeizig. Als Esau einmal beinahe am Verhungern war, schloss er einen schlechten Handel mit seinem Bruder ab: Jakob forderte von ihm seine Rechte als älterer Bruder im Tausch für einen Teller Linsensuppe. Esau, der nur an seine unmittelbaren Bedürfnisse dachte, willigte ein. Jakob wusste: Der Segen des Vaters war von größter Bedeutung und er war dem erstgeborenen Sohn vorbehalten. Als sein Vater sehr alt war und Esau seinen Segen geben wollte, täuschte Jakob ihn und gab sich mit der Hilfe seiner Mutter als sein Bruder aus. Esau konnte Jakob nicht verzeihen, was er getan hatte, und drohte ihn umzubringen. Daher emigrierte Jakob nach Haran im oberen Mesopotamien. Er blieb dort viele Jahre, doch die Todesdrohung seines Zwillingsbruders vergaß er nicht.

Als Jakob sich schließlich auf die Heimreise machte, war ihm bange. Als Geste der Versöhnung schickte er seinem Bruder reiche Geschenke. Doch zu dieser Zeit dachte Esau gar nicht mehr an den Vorfall. Gott hatte auch ihn gesegnet. Er hegte keine feindseligen Gefühle mehr gegenüber seinem Bruder. Es gab eine tränenreiche Versöhnung (1 Mose/Genesis 32–33). Es ist interessant, dass Gott Jakob nicht im Stich ließ, obwohl er so hinterlistig gehandelt hatte. Der Name »Jakob« kann auf zweierlei Weise gedeutet werden: als »Fersenhalter« und als »Betrüger«. Und tatsächlich bleibt Jakob als Betrüger in Erinnerung.

Lesen Sie hier die Geschichte von seiner Flucht nach Mesopotamien. (1 Mose/Genesis 27,1–28,4)

Isaak war alt geworden und konnte nicht mehr sehen. Da rief er eines Tages seinen älteren Sohn Esau zu sich und sagte: »Mein Sohn!«
»Ja, Vater?«, erwiderte Esau.
Isaak sagte: »Ich bin alt und weiß nicht, wie lange ich noch lebe. Deshalb nimm Pfeil und Bogen, jage ein Stück Wild und bereite mir ein leckeres Gericht, wie ich es gern habe. Ich will mich stärken, damit ich dich segnen kann, bevor ich sterbe.«
Rebekka hatte das Gespräch mit angehört. Als Esau gegangen war, um für seinen Vater das Wild zu jagen, sagte sie zu Jakob: »Ich habe gehört, wie dein Vater zu deinem Bruder Esau sagte: ›Jage mir ein Stück Wild und bereite mir ein leckeres Gericht! Ich will mich stärken und dich segnen, bevor ich sterbe.‹ Darum hör auf mich, mein Sohn, und tu, was ich dir sage: Hol mir von der Herde zwei schöne Ziegenböckchen! Ich werde daraus ein leckeres Gericht bereiten, wie es dein Vater gern hat. Das bringst du ihm dann, damit er dich vor seinem Tod segnet.«
»Aber Esaus Haut ist behaart und meine ist glatt«, erwiderte Jakob. »Wenn mich nun mein Vater betastet, merkt er den Betrug, und statt mich zu segnen, verflucht er mich.«

Doch seine Mutter beruhigte ihn: »Der Fluch soll auf mich fallen, mein Sohn! Tu, was ich dir gesagt habe, und bring mir die Böckchen!«
Jakob holte sie, und seine Mutter bereitete ein Gericht zu, wie sein Vater es gern hatte. Darauf holte Rebekka das Festgewand Esaus, ihres Älteren, das sie bei sich aufbewahrte, und zog es ihrem jüngeren Sohn Jakob an. Die Felle der Böckchen legte sie ihm um die Handgelenke und um den glatten Hals. Dann gab sie ihm das leckere Fleischgericht und dazu Brot, das sie frisch gebacken hatte.
Jakob ging zu Isaak ins Zelt und sagte: »Mein Vater!«
»Ja«, sagte Isaak; »welcher von meinen Söhnen bist du?«
»Esau, dein Erstgeborener«, antwortete Jakob. »Ich habe deinen Wunsch erfüllt. Setz dich auf und iss von meinem Wild, damit du mich segnen kannst.«
»Wie hast du so schnell etwas gefunden, mein Sohn?«, fragte Isaak.
Jakob erwiderte: »Der HERR, dein Gott, hat es mir über den Weg laufen lassen.«
»Tritt näher«, sagte Isaak, »ich will fühlen, ob du wirklich mein Sohn Esau bist.«
Jakob trat zu seinem Vater. Der betastete ihn und sagte: »Die Stimme ist Jakobs Stimme, aber die Hände sind Esaus Hände.« Er erkannte Jakob nicht, weil seine Hände behaart waren wie die seines Bruders. Darum wollte er ihn segnen.
Aber noch einmal fragte Isaak: »Bist du wirklich mein Sohn Esau?«
Jakob antwortete: »Ja, der bin ich.«

»Dann bring mir das Gericht!«, sagte Isaak. »Ich will von dem Wild meines Sohnes essen und ihn dann segnen.«
Jakob gab ihm das Gericht und sein Vater aß, dann reichte er ihm Wein und er trank.
Darauf sagte Isaak: »Komm her, mein Sohn, und küsse mich!«
Jakob trat heran und küsste ihn. Isaak roch den Duft seiner Kleider, da sprach er das Segenswort:
»Mein Sohn, du duftest kräftig wie die Flur,
wenn sie der HERR mit seinem Regen tränkt.
Gott gebe dir den Tau vom Himmel
und mache deine Felder fruchtbar,
damit sie Korn und Wein in Fülle tragen!
Nationen sollen sich vor dir verneigen,
und Völker sollen deine Diener werden.
Du wirst der Herrscher deiner Brüder sein,
sie müssen sich in Ehrfurcht vor dir beugen.
Wer dich verflucht, den soll das Unglück treffen;
doch wer dir wohlwill, soll gesegnet sein!«
So segnete Isaak seinen Sohn Jakob. Kaum aber war er damit fertig und kaum war Jakob aus dem Zelt gegangen, da kam auch schon sein Bruder Esau von der Jagd zurück. Auch er bereitete ein leckeres Gericht, brachte es zu seinem Vater und sagte: »Mein Vater, setz dich auf und iss von meinem Wild, damit du mich segnen kannst!«
»Wer bist denn *du?*«, fragte Isaak.
»Dein Sohn Esau, dein Erstgeborener«, war die Antwort.

Da begann Isaak vor Schreck heftig zu zittern. »Wer?«, rief er. »Wer war dann der, der soeben von mir ging? Er hat ein Wild gejagt und es mir gebracht, und ich habe davon gegessen, bevor du kamst. Ich habe ihn gesegnet und kann es nicht mehr ändern – er wird gesegnet bleiben!«
Esau schrie laut auf, als er das hörte, voll Schmerz und Bitterkeit. »Vater«, rief er, »segne mich auch!«
Aber Isaak erwiderte: »Dein Bruder ist gekommen und hat dich mit List um deinen Segen gebracht.«
»Zu Recht trägt er den Namen Jakob«, sagte Esau. »Schon zum zweiten Mal hat er mich betrogen: Erst nahm er mir das Erstgeburtsrecht und jetzt auch noch den Segen. Hast du denn keinen Segen mehr für mich übrig?«
Isaak antwortete: »Ich habe ihn zum Herrscher über dich gemacht; alle seine Brüder müssen ihm dienen. Mit Korn und Wein habe ich ihn reichlich versehen. Was bleibt mir da noch für dich, mein Sohn?«
Esau sagte: »Hast du nur den *einen* Segen, Vater? Segne mich auch!« Und er begann laut zu weinen.
Da sagte Isaak:
»Weit weg von guten Feldern wirst du wohnen,
kein Tau vom Himmel wird dein Land befeuchten,
ernähren musst du dich mit deinem Schwert!
Du wirst der Sklave deines Bruders sein;
doch eines Tages stehst du auf und wehrst dich
und wirfst sein Joch von deinen Schultern ab!«
Esau konnte es Jakob nicht vergessen, dass er ihn um den väterlichen Segen gebracht hatte. Er dachte: »Mein Vater

lebt nicht mehr lange. Wenn die Trauerzeit vorüber ist, werde ich meinen Bruder Jakob umbringen.«
Rebekka wurde zugetragen, dass ihr älterer Sohn Esau solche Reden führte. Da ließ sie Jakob, den jüngeren Sohn, rufen und sagte zu ihm: »Dein Bruder Esau will sich an dir rächen und dich umbringen. Darum hör auf mich, mein Sohn! Flieh nach Haran zu meinem Bruder Laban! Bleib einige Zeit dort, bis sich der Zorn deines Bruders gelegt hat – bis er dir nicht mehr so böse ist und nicht mehr daran denkt, was du ihm angetan hast. Ich werde dir Nachricht schicken, wenn du wieder zurückkehren kannst. Ich will euch doch nicht beide an *einem* Tag verlieren!«
Rebekka sagte zu Isaak: »Das Leben ist mir verleidet, weil Esau diese Hetiterinnen geheiratet hat. Wenn auch noch Jakob eine Frau aus dem Land hier nimmt, möchte ich lieber gleich sterben.«
Da rief Isaak seinen Sohn Jakob zu sich. Er segnete ihn und sagte: »Du darfst auf keinen Fall eine Frau aus dem Land Kanaan heiraten! Geh nach Mesopotamien zur Familie Betuëls, des Vaters deiner Mutter, und nimm dir eine von den Töchtern Labans, des Bruders deiner Mutter, zur Frau. Gott, der Gewaltige, wird dich segnen. Er wird dich fruchtbar machen und dir viele Nachkommen schenken, sodass aus dir eine ganze Schar von Völkern wird. Auf dich und deine Nachkommen wird der Segen übergehen, den Abraham empfangen hat: Sie werden das Land in Besitz nehmen, in dem du noch als Fremder lebst und das Gott einst Abraham zugesprochen hat.«

Das Jesuskind als Opfer der Machtpolitik
Die Flucht nach Ägypten

Menschen werden politisch verfolgt, weil sie von den etablierten Mächten als Bedrohung angesehen werden. Ohne es zu wissen, war der kleine Jesus eine Bedrohung für König Herodes. Zumindest empfand Herodes das so. Als die weisen Männer aus dem Osten zu ihm kamen und nach dem neugeborenen König der Juden fragten, wurde Herodes angst und bange. Er war für seine Grausamkeit bekannt und hatte viele Feinde. Diese weisen Männer kamen aus einem fremden Reich und suchten, geführt von einem Stern, nach dem, der der wahre König war. In der Antike bedeutete das Aufgehen eines neuen Sterns die Geburt einer sehr wichtigen Person. Deswegen waren sie sicher, dass das neugeborene Kind nicht einfach irgendwer war, sondern tatsächlich ein wahrer Retter. Sie wollten ihm nicht nur Geschenke bringen als Zeichen der Anerkennung. Sie wollten ihn anbeten.

Herodes war ein Herrscher, der sehr an seiner Macht hing. Er wollte sie bewahren und daher diesem zukünftigen König ein Ende bereiten, was auch immer es kosten möge. Zunächst handelte er scheinheilig und gab den Fremden gegenüber vor, das Kind ebenfalls anbeten zu wollen. Doch dann ließ er mit erschreckender Skrupellosigkeit alle kleinen Kinder im entsprechenden Alter töten. Aber Gott rettete den kleinen Jesus. Er und seine Eltern fanden als politisch Verfolgte im Ausland vorübergehendes Asyl. (Matthäus 2)

Jesus wurde in Betlehem in Judäa geboren, zur Zeit, als König Herodes das Land regierte. Bald nach seiner Geburt kamen Sterndeuter aus dem Osten nach Jerusalem und fragten: »Wo finden wir den neugeborenen König der Juden? Wir haben seinen Stern aufgehen sehen und sind gekommen, um uns vor ihm niederzuwerfen.«
Als König Herodes das hörte, erschrak er und mit ihm ganz Jerusalem.
Er ließ alle führenden Priester und Gesetzeslehrer im Volk Gottes zu sich kommen und fragte sie: »Wo soll der versprochene Retter geboren werden?«
Sie antworteten: »In Betlehem in Judäa. Denn so hat der Prophet geschrieben: ›Du Betlehem im Land Juda! Du bist keineswegs die unbedeutendste unter den führenden Städten in Juda, denn aus dir wird der Herrscher kommen, der mein Volk Israel schützen und leiten soll.‹ «
Daraufhin rief Herodes die Sterndeuter heimlich zu sich und fragte sie aus, wann sie den Stern zum ersten Mal gesehen hätten. Dann schickte er sie nach Betlehem und sagte: »Geht und erkundigt euch genau nach dem Kind, und wenn ihr es gefunden habt, gebt mir Nachricht! Dann will ich auch hingehen und mich vor ihm niederwerfen.«
Nachdem sie vom König diesen Bescheid erhalten hatten, machten sich die Sterndeuter auf den Weg. Und der Stern, den sie schon bei seinem Aufgehen beobachtet hatten,

ging ihnen voraus. Genau über der Stelle, wo das Kind war, blieb er stehen.
Als sie den Stern sahen, kam eine große Freude über sie. Sie gingen in das Haus und fanden das Kind mit seiner Mutter Maria. Da warfen sie sich vor ihm zu Boden und ehrten es als König. Dann holten sie die Schätze hervor, die sie mitgebracht hatten, und legten sie vor ihm nieder: Gold, Weihrauch und Myrrhe.
In einem Traum befahl ihnen Gott, nicht wieder zu Herodes zu gehen. So zogen sie auf einem anderen Weg in ihr Land zurück.
Nachdem die Sterndeuter wieder gegangen waren, erschien dem Josef im Traum der Engel des Herrn und sagte: »Steh auf, nimm das Kind und seine Mutter und flieh nach Ägypten! Bleib dort, bis ich dir sage, dass du wieder zurückkommen kannst. Herodes wird nämlich das Kind suchen, weil er es umbringen will.«
Da stand Josef auf, mitten in der Nacht, nahm das Kind und seine Mutter und floh mit ihnen nach Ägypten. Dort lebten sie bis zum Tod von Herodes.
So sollte in Erfüllung gehen, was der Herr durch den Propheten angekündigt hatte: »Aus Ägypten habe ich meinen Sohn gerufen.«
Als Herodes merkte, dass die Sterndeuter ihn hintergangen hatten, wurde er sehr zornig. Er befahl, in Betlehem und Umgebung alle kleinen Jungen bis zu zwei Jahren zu töten. Das entsprach der Zeitspanne, die er aus den Angaben der Sterndeuter entnommen hatte.

So sollte in Erfüllung gehen, was Gott durch den Propheten Jeremia angekündigt hatte: »In Rama hört man Klagerufe und bitteres Weinen: Rahel weint um ihre Kinder und will sich nicht trösten lassen; denn sie sind nicht mehr da.«
Als Herodes gestorben war, erschien dem Josef in Ägypten der Engel des Herrn im Traum und sagte: »Steh auf, nimm das Kind und seine Mutter und kehre in das Land Israel zurück; denn alle, die das Kind umbringen wollten, sind gestorben.«
Da stand Josef auf, nahm das Kind und seine Mutter und kehrte nach Israel zurück.
Unterwegs erfuhr Josef, dass in Judäa Archelaus als Nachfolger seines Vaters Herodes König geworden war. Da bekam er Angst, dorthin zu ziehen. Im Traum erhielt er eine neue Weisung und zog daraufhin nach Galiläa. Er kam in die Stadt Nazaret und ließ sich dort nieder.
So sollte in Erfüllung gehen, was Gott durch die Propheten angekündigt hatte: Der versprochene Retter wird Nazoräer genannt werden.

Eine Christenverfolgung als Initialzündung

Die Gemeinde wird verfolgt

Wenn Menschen aus religiösen Gründen fliehen, wendet sich ihr Schicksal an ihrem Zufluchtsort zum Besseren, wenn sie dort ihren Glauben frei praktizieren können. Sie können nun ihre Überzeugungen mit anderen Menschen

teilen, sie erhalten Unterstützung von ihren Glaubensgeschwistern, und außerdem können sie Informationen über das weitergeben, was in ihrem Heimatland geschieht.
Als die griechisch sprechenden Juden, die sog. Hellenisten, in der jungen Kirche von anderen diskriminiert und misshandelt wurden, blieb ihnen nichts anderes übrig, als Jerusalem zu verlassen und in andere Regionen von Judäa und Samaria abzuwandern. Dort konnten sie die frohe Botschaft weitergeben. Sie machten die Erfahrung, dass Nichtjuden ebenfalls Jünger von Jesus werden konnten. Die junge Kirche hätte in der Anfangszeit demnach nicht so stark wachsen können, wenn die Christen Jerusalem nicht verlassen hätten. Diesen Hellenisten und dann Paulus ist es zu verdanken, dass das Evangelium über die jüdischen Kreise hinaus in die ganze Welt getragen wurde. Wie das Sprichwort sagt: »Man weiß nie, wozu es gut ist!« Oder wie Paulus im Römerbrief schreibt: »Was auch geschieht, das eine wissen wir: Für die, die Gott lieben, muss alles zu ihrem Heil dienen.« (Römer 8,28) Lukas erzählt uns die Geschichte dieser ersten christlichen Glaubensflüchtlinge wie folgt (Apostelgeschichte 8,1-13):

An diesem Tag begann für die Gemeinde in Jerusalem eine harte Verfolgung. Alle, die zu ihr gehörten, zerstreuten sich über Judäa und Samarien; nur die Apostel blieben in Jerusalem zurück. Ein paar fromme Männer begruben Stephanus und hielten eine große Totenklage für ihn.

Saulus aber wollte die Gemeinde vernichten. Er durchsuchte die Häuser und ließ Männer und Frauen ins Gefängnis werfen.

Die über das Land zerstreuten Christen zogen umher und verkündeten die Botschaft Gottes. Unter ihnen war auch Philippus. Er kam nach Samaria, der Hauptstadt von Samarien, und verkündete, dass in Jesus der versprochene Retter gekommen sei.

Die Menge schenkte dem, was Philippus sagte, durchweg die größte Aufmerksamkeit; denn alle hörten von den Wundern, die er vollbrachte, und wurden auch selbst Augenzeugen davon. Mit lautem Geschrei fuhren aus vielen Besessenen böse Geister aus, und viele Gelähmte und Verkrüppelte wurden geheilt. In der ganzen Stadt herrschte große Freude.

Nun lebte dort in der Stadt seit einiger Zeit ein Mann namens Simon, der sich mit Magie befasste und mit dem Anspruch auftrat, ein ganz Großer zu sein. Das ganze Volk von Samaria war von ihm hellauf begeistert. Bis jetzt war *er* es gewesen, der alle Aufmerksamkeit auf sich gezogen hatte, und alle Leute, von den einfachsten bis zu den gebildetsten, sagten von ihm: »Er ist die Kraft Gottes, die die Große genannt wird!« Dass er so im Mittelpunkt der Aufmerksamkeit stand, hatte seinen Grund; denn durch seine Zauberkünste hatte er die Menschen im Lauf der Zeit regelrecht um den Verstand gebracht.

Als nun Philippus die Botschaft von der anbrechenden Herrschaft Gottes verkündete und von Jesus Christus und der Macht seines Namens, glaubten die Leute ihm und ließen sich taufen, Männer wie Frauen. Auch Simon kam zum Glauben. Nach seiner Taufe schloss er sich eng an Philippus an und konnte nicht genug staunen über die großen, machtvollen Wunder, die durch ihn geschahen.

Letzte Zuflucht

Asylstädte für Totschläger

Noch während sich die Israeliten in der Wüste aufhielten, machten sie Gesetze, die ihnen helfen würden, im von Gott versprochenen Land in Frieden miteinander zu leben. Wenn jemand einen anderen umbrachte, konnte die Familie des Getöteten Rache an dem Täter nehmen und ihn töten. Das entsprach dem Gesetz der Vergeltung, dem sogenannten Talionsprinzip: »Auge um Auge, Zahn um Zahn«. Aber wenn jemand einen anderen unabsichtlich getötet hatte, dann hatte er die Möglichkeit zu fliehen, um sich vor der tödlichen Rache der Angehörigen zu schützen. Die Rechtsvorschriften waren eindeutig. Sechs »Asylstädte« wurden zu diesem Zweck ausgewählt. Sie lagen strategisch günstig. Zu jeder der Städte führten gute Straßen, sodass die Flüchtenden sie ohne größere Probleme erreichen konnten.

Der Totschläger hatte keine Zeit, vor dem Aufbruch noch seine Angelegenheiten zu ordnen. Er musste so schnell wie möglich fliehen. Denn wenn ein Verwandter des Opfers ihn erwischte, bevor er die Asylstadt erreichte, konnte der ihn töten, selbst wenn er den Tod nicht verdient hatte. Alle Rechtsangelegenheiten wurden von den Richtern am Eingang der Stadt verhandelt. Wenn die Flüchtlinge dort ankamen, mussten sie beweisen, dass der Tod ein Unfall gewesen war. Dann konnten sie in der Stadt bleiben. Was für Geschichten haben sich diese Flüchtlinge wohl untereinander erzählt? Die Städte waren klein und es war nicht leicht, jahrelang als Flüchtling, der einen Menschen getötet hatte, dort zu leben. Doch immerhin waren sie noch am Leben! Das Gesetz lautete folgendermaßen (4 Mose/ Numeri 35,9-15.26-29):

Der HERR gab Mose noch weitere Anweisungen für die Israeliten:
»Wenn ihr den Jordan überquert und ins Land Kanaan kommt, sollt ihr Asylstädte auswählen, in die jeder fliehen kann, der unbeabsichtigt einen Menschen getötet hat. Kein Verwandter der getöteten Person darf dort an ihm die Blutrache vollziehen. Er darf nur getötet werden, wenn er in einer öffentlichen Gerichtsverhandlung schuldig gesprochen worden ist.
Bestimmt sechs solche Städte, drei östlich des Jordans und drei im Land Kanaan. Jeder Israelit und jeder Fremde, der bei euch lebt, auch der Fremdarbeiter, soll dorthin fliehen können, wenn er unabsichtlich einen Menschen getötet hat.

Wenn aber der Totschläger den Zufluchtsort verlässt, kann der Nächstverwandte des Getöteten ihn erschlagen, ohne dass er damit Schuld auf sich lädt. Erst nach dem Tod des Obersten Priesters kann der Totschläger ohne Gefahr nach Hause zurückkehren.
Diese Anordnungen gelten für alle eure Nachkommen an jedem Ort des Landes, in dem ihr wohnt.

Krieg und Vertreibung

Die Zahl der vor Krieg, Bürgerkrieg und anderen bewaffneten Konflikten flüchtenden Menschen ist gegenwärtig gigantisch. Das Flüchtlingshilfswerk der Vereinten Nationen (UNHCR) betrachtet diese Situation deshalb als die größte Herausforderung des 21. Jahrhunderts. Das UNHCR schützt und unterstützt Flüchtlinge und Vertriebene. Es hilft den Flüchtlingen, ihre unmittelbaren Probleme zu bewältigen. Laut UNHCR sind 48 % der Flüchtlinge unter 18 Jahren.

Das Leid, das vertriebene Menschen durchmachen, ist unbeschreiblich. Sie lassen all ihr Hab und Gut zurück und machen sich auf den Weg mit fast nichts, in der Hoffnung auf Hilfe durch karitative Organisationen oder Menschen, die ihnen eine helfende Hand reichen. Während sie auf das Ende der Gewalt in ihrer Heimat warten, leben sie in extremer Armut. Ihr seelischer Zustand ist von dem Gefühl geprägt, nirgendwohin zu gehören. Nur der Glaube an Gott sowie die Hoffnung und der Traum, irgendwann wieder nach Hause zurückzukehren, helfen ihnen, mit etwas Würde weiterzuleben.

In der Bibel finden sich viele Fälle, in denen Menschen durch einen Krieg zum Auswandern gezwungen wurden. Sie sind Beispiele für Zwangsmigration. Die Armee von

Salmanassar, dem Herrscher von Assyrien, verwüstete das Nordreich Israel. Die Bevölkerung des Südreichs Juda wurde vom Heer des Königs Nebukadnezzar nach Babylonien verschleppt. In der Bibel finden sich Berichte von ihrem Leid und poetische Klagelieder, von denen sich Flüchtlinge auch heute noch inspirieren lassen. Diejenigen, die nach Babylonien weggeführt worden waren, hörten nie auf, davon zu träumen, eines Tages wieder heimzukehren. Und ihre Hoffnung wurde wahr.
Im Folgenden finden Sie eine kleine Auswahl an Texten, die von der schmerzvollen Geschichte des Volkes Israel und dem Ende der Königszeit erzählen.

Der Verlust der Identität

Der Untergang des Nordreichs Israel

In den Evangelien lesen wir von den Konflikten zwischen den Juden und den Samaritern. Dieser Konflikt hat eine sehr lange Geschichte. Sie hängt mit Zwangsmigration zusammen. Die Assyrer brachten einst die Juden von Samarien fort und verteilten sie auf verschiedene Städte in Assyrien, wo sie letztlich ihre Identität verloren. Über ihr weiteres Schicksal ist wenig bekannt. Dann siedelten die Assyrer verschiedene Völker in Samaria an. Aus diesem Grund wurden die Samariter in neutestamentlicher Zeit nicht als echte Juden betrachtet, sondern für unrein gehalten. Und es gab ständige Grenzstreitigkeiten. Das zweite Buch der Könige berichtet, was damals geschehen ist. (2 Könige 17,1-6.24)

Im 12. Regierungsjahr des Königs Ahas von Juda wurde Hoschea, der Sohn von Ela, König von Israel. Er regierte neun Jahre lang in Samaria. Er tat, was dem HERRN missfällt; doch trieb er es nicht so schlimm wie seine Vorgänger.
Als Salmanassar, der König von Assyrien, mit seinem Heer gegen ihn anrückte, unterwarf sich Hoschea und musste ihm von da an jährlich eine größere Summe als Tribut zahlen. Dann aber erfuhr der Assyrerkönig, dass der König von Israel von ihm abfallen wollte. Hoschea hatte nämlich Gesandte zum ägyptischen König nach Saïs geschickt und die jährlichen Tributzahlungen eingestellt. Deshalb ließ Salmanassar ihn verhaften und ins Gefängnis werfen.
Der Assyrerkönig war mit seinem Heer in das Land eingefallen und hatte Samaria belagert. Im dritten Jahr der Belagerung, dem neunten Regierungsjahr von Hoschea, konnte Salmanassar die Stadt einnehmen. Die Bevölkerung des Reiches Israel ließ er nach Assyrien wegführen. Dort siedelte er sie in der Provinz Halach und am Habor-Fluss in der Provinz Gosan sowie in den Städten Mediens an.
Anstelle der weggeführten Israeliten siedelte der König von Assyrien Fremde in Samarien an. Er ließ Leute aus den Städten Babylon, Kuta, Awa, Hamat und Sefarwajim kommen; die nahmen das Land in Besitz und wohnten in seinen Städten.

Ein Volk im Exil
Das Ende des Südreichs Juda

Häufig fliehen Menschen wegen bewaffneter Konflikte in benachbarte Städte oder Länder und werden dort als Flüchtlinge aufgenommen. Aber die Menschen von Juda wurden von demselben Reich, das ihnen den Krieg erklärt hatte und in ihr Land eingefallen war, als Gefangene weggeführt. Sie lebten viele Jahre lang als Zuwanderer in Babylonien in der Gefangenschaft. Diese Erfahrung hat bei ihnen für immer Spuren hinterlassen, genauso wie die Erfahrung der Sklaverei in Ägypten. Obwohl die Jahre vergingen, verloren sie nie den Glauben an den Gott, der rettet und von der Sklaverei befreit. Das zweite Buch der Könige erzählt die traurige Geschichte ihrer Gefangenschaft, nachdem sie den Krieg gegen Nebukadnezzar verloren hatten. (aus 2 Könige 24,1–25,21)

Während seiner Regierungszeit zog Nebukadnezzar, der König von Babylonien, mit einem Heer heran und Jojakim unterwarf sich ihm. Doch nach drei Jahren lehnte er sich gegen ihn auf. Der HERR aber schickte umherstreifende Truppen der Chaldäer, der Syrer, der Moabiter und der Ammoniter gegen Jojakim. Sie fielen in Juda ein und verwüsteten es, genau wie der HERR es durch seine Diener, die Propheten, angekündigt hatte.

Dies alles kam über Juda auf ausdrücklichen Befehl des HERRN, denn er wollte sich die Leute von Juda aus den

Augen schaffen. Der Grund dafür war, dass Manasse ihn durch seinen Götzendienst beleidigt und darüber hinaus in Jerusalem viele unschuldige Menschen getötet hatte. Der Herr war entschlossen, diese Schuld nicht zu vergeben.

Was es sonst noch über Jojakim und seine Taten zu berichten gibt, ist in der amtlichen Chronik der Könige von Juda nachzulesen. Als er starb, wurde sein Sohn Jojachin sein Nachfolger.

Zu dieser Zeit wagte sich der König von Ägypten schon nicht mehr aus seinem Land heraus, denn alle Gebiete vom Eufrat bis zur ägyptischen Grenze, die früher zu seinem Machtbereich gehört hatten, waren inzwischen fest in der Hand des Königs von Babylonien.

Jojachin war 18 Jahre alt, als er König wurde, und regierte nur drei Monate lang in Jerusalem. Seine Mutter hieß Nehuschta; sie war eine Tochter Elnatans und stammte aus Jerusalem. Jojachin tat, was dem Herrn missfällt, genau wie sein Vater Jojakim.

Kurz nach seinem Regierungsantritt zog das Heer Nebukadnezzars, des Königs von Babylonien, vor die Stadt Jerusalem und belagerte sie. Als die Belagerung in vollem Gange war, erschien Nebukadnezzar selbst vor der Stadt. Da ergab sich Jojachin und ging zusammen mit seiner Mutter und mit all seinen Beamten, Offizieren und Hofleuten hinaus vor die Stadt zu König Nebukadnezzar. Es war das achte Regierungsjahr Nebukadnezzars, als Jojachin sein Gefangener wurde.

Alle Schätze, die sich im Tempel des HERRN und im Königspalast befanden, ließ der Babylonierkönig wegschleppen. Wie der HERR es angedroht hatte, ließ Nebukadnezzar auch alle goldenen Geräte zerschlagen, die Salomo für den Tempel hatte anfertigen lassen.
Aus Jerusalem führte er alle maßgeblichen und wohlhabenden Leute in die Verbannung, insgesamt 10 000 Mann, dazu alle erfahrenen Handwerker, insbesondere die Bau- und Metallhandwerker. Nur die ärmere Bevölkerungsschicht blieb zurück.
Auch König Jojachin, seine Mutter und seine Frauen, seine Hofleute und alle führenden Männer von Juda ließ Nebukadnezzar von Jerusalem nach Babylonien in die Verbannung wegführen, dazu 7000 wohlhabende Männer und 1000 erfahrene Handwerker, insbesondere Bau- und Metallhandwerker; er nahm alle mit, die mit Waffen umgehen konnten. Anstelle Jojachins setzte er dessen Onkel Mattanja als König ein und gab ihm den Namen Zidkija.
Zidkija war 21 Jahre alt, als er König wurde, und er regierte elf Jahre lang in Jerusalem. Seine Mutter hieß Hamutal; sie war eine Tochter von Jirmeja und stammte aus Libna. Zidkija tat, was dem HERRN missfällt, genau wie sein Bruder Jojakim.
Nun aber war das Maß voll. Der HERR war so zornig über die Bewohner Jerusalems und Judas, dass er sie aus seinen Augen wegschaffen ließ.
Zidkija lehnte sich gegen Nebukadnezzar, den König von Babylonien, auf.

Da erschien Nebukadnezzar im neunten Regierungsjahr Zidkijas mit allen seinen Truppen vor Jerusalem. Rings um die Stadt ließ er einen Belagerungswall aufschütten. Am 10. Tag des 10. Monats begann die Belagerung und sie dauerte bis ins elfte Regierungsjahr Zidkijas.

Zuletzt waren die Nahrungsmittel in der Stadt völlig aufgebraucht.

Am 9. Tag des 4. Monats im elften Regierungsjahr Zidkijas schlugen die Babylonier eine Bresche in die Stadtmauer. Im Schutz der Dunkelheit gelang es König Zidkija und seinen Kriegsleuten, durch den Torweg zwischen den beiden Mauern am königlichen Garten die Stadt zu verlassen und den Belagerungsring zu durchbrechen. Sie flohen in östlicher Richtung zur Jordanebene.

Sofort nahmen babylonische Truppen die Verfolgung auf und holten Zidkija in der Ebene bei Jericho ein. Von seinen Kriegsleuten im Stich gelassen, wurde er gefangen genommen und nach Ribla vor den König von Babylonien gebracht. Nebukadnezzar selbst sprach ihm das Urteil. Zidkija musste mit ansehen, wie seine Söhne abgeschlachtet wurden; dann stach man ihm die Augen aus und brachte ihn, mit Ketten gefesselt, nach Babylon.

Im 19. Regierungsjahr Nebukadnezzars, am 7. Tag des 5. Monats, traf Nebusaradan, der Befehlshaber der königlichen Leibwache, einer der engsten Vertrauten des Babylonierkönigs, in Jerusalem ein. Er ließ den Tempel des HERRN, den Königspalast und alle vornehmen Häuser Jerusalems niederbrennen. Auch alle anderen Häuser gingen

in Flammen auf. Seine Truppen rissen die Mauern der Stadt ringsum nieder.
Nebusaradan ließ die restliche Stadtbevölkerung und alle, die zu den Babyloniern übergelaufen waren, gefangen wegführen. Nur aus der ärmsten Schicht der Landbevölkerung ließ er eine Anzahl zurück, damit sie die Weinberge und Äcker bestellten.
So wurde das Volk von Juda aus seinem Land in die Verbannung geführt.

Jerusalem, wenn ich dich je vergesse ...
Klagelieder eines verschleppten Volkes

Viele Einwanderer pflegen Kultur und Sprache ihres Heimatlandes. Manche werden sogar zu Dichtern. Die Erinnerungen an den Ort, an dem sie geboren wurden, an Freunde und Familienangehörige erzeugen so intensive Gefühle, dass sie sie nur in Liedern oder Gedichten ausdrücken können. Und das umso mehr, wenn sie nicht aus freien Stücken gegangen sind, sondern gezwungen wurden. Die Lieder aus der Babylonischen Gefangenschaft sind die schönsten und zugleich die traurigsten Lieder, die man sich vorstellen kann. Auch wenn sie aus der Erfahrung des jüdischen Volkes heraus entstanden sind, so können sie sich doch alle Vertriebenen zu eigen machen. (Psalm 120; 137)

Ein Lied, zu singen auf dem Weg nach Jerusalem.
Ich schrie zum Herrn in meiner Not und er hat mich erhört.
Ich schrie: »Herr, rette mich vor diesen Lügnern, vor allen doppelzüngigen Betrügern!«
Womit soll Gott euch strafen, ihr Lügenmäuler?
Mit spitzen Pfeilen aus Kriegerhand, dazu noch glühende Kohlen!
Wie schlimm für mich, dass ich unter Fremden leben muss, bei einem Volk, das meinen Gott nicht kennt!
Schon viel zu lange wohne ich hier, unter Menschen, die den Frieden hassen!
Ich will den Frieden; doch sobald ich davon rede, suchen sie Streit.

An den Flüssen Babylons saßen wir und weinten, jedes Mal, wenn wir an Zion dachten.
Unsere Harfen hingen dort an den Weiden; wir mochten nicht mehr auf ihnen spielen.
Doch die Feinde, die uns unterdrückten, die uns verschleppt hatten aus der Heimat, verlangten von uns auch noch Jubellieder. »Singt uns ein Lied vom Zion!«, sagten sie.
Fern vom Tempel, im fremden Land – wie konnten wir da Lieder singen zum Preis des Herrn?
Jerusalem, wenn ich dich je vergesse, dann soll mir die rechte Hand verdorren!

Die Zunge soll mir am Gaumen festwachsen, wenn ich aufhöre, an dich zu denken, wenn ich irgendetwas lieber habe, lieber als dich, Jerusalem!
HERR, vergiss nicht, was die Edomiter taten, als Jerusalem in die Hand der Feinde fiel, wie sie schrien: »Reißt sie nieder, die Stadt! Reißt sie nieder bis auf den Grund!«
Babylon, auch du wirst bald verwüstet! Gott segne den, der dir heimzahlt, was du uns angetan hast!
Gott segne den, der deine Kinder packt und sie am Felsen zerschmettert!

Ebenso wie die Psalmen bewahrt auch das Buch der Klagelieder die schmerzliche Erinnerung an die furchtbaren Ereignisse. (Klagelieder 5)

HERR, vergiss nicht, was uns zugestoßen ist!
Sieh doch, wie sie uns schmähen
und beschimpfen!
Das Land, das du uns gabst, ist in fremder Hand,
Ausländer wohnen in unseren Häusern.
Unsere Väter sind im Krieg gefallen
und unsere Mütter sind Witwen geworden.
Unser Wasser bekommen wir nur für Geld,
auch Brennholz müssen wir teuer bezahlen.
Der Feind sitzt uns ständig im Nacken;
wir sind erschöpft, doch wir dürfen nicht rasten.
Nach Ägypten streckten wir die Hand zum Bündnis,
nach Assyrien, um uns satt zu essen.

Unsere Väter sündigten – sie leben nicht mehr;
wir aber müssen nun die Folgen tragen.
Sklaven sind Herren über uns geworden
und niemand befreit uns aus ihrer Gewalt.
Die Ernte zu holen ist lebensgefährlich,
weil Räuberbanden in der Steppe lauern.
Der Hunger quält uns und lässt uns fiebern,
unsere Körper glühen wie ein Ofen.
In Jerusalem und den Städten Judas
haben sie Frauen und Mädchen geschändet.
Führende Männer hat man aufgehängt
und den Alten keine Achtung erwiesen.
Junge Männer müssen die Handmühle drehen
und Knaben schwere Holzlasten schleppen.
Die Alten beraten nicht mehr im Stadttor,
die Jungen spielen nicht mehr auf der Laute.
Von Lebensfreude ist nichts mehr zu spüren,
statt froher Tänze gibt es nur noch Trauer.
Mit unserem Glanz ist es aus und vorbei:
Unsere Schuld hat uns ins Unglück gestürzt!
Unsere Herzen sind schwach und krank geworden
und unsere Augen von Tränen trüb;
denn der Zionsberg ist ein Trümmerfeld,
ein Ort, an dem die Schakale hausen.
Du aber, Herr, bleibst König für immer,
dein Thron steht für alle Zeiten fest!
Willst du uns wirklich für immer vergessen
 und fern von uns bleiben, solange wir leben?

HERR, bring uns wieder zurück zu dir,
damit wir uns wieder zu dir hinkehren!
Lass es uns ergehen wie in früheren Zeiten
und gib uns neues Leben!
Oder hast du uns ganz verstoßen?
Soll dein Zorn nie ein Ende nehmen?

Jubel und Freude über das Ende des Exils
Die Heimkehr nach Jerusalem

Vertriebene vergessen kaum je diese beängstigende Zeit, als der Krieg sie zur Flucht zwang. Die Bilder davon bleiben und machen es ihnen schwer, in dem Land, das ihnen Zuflucht gewährt, Wurzeln zu schlagen. Noch schlimmer war es für die Menschen von Juda, die in Babylonien leben mussten – demselben Reich, das sie gezwungen hatte, ihr eigenes Land zu verlassen. Trotz ihrer Gefangenschaft ermutigte der Prophet Jesaja die Deportierten, nicht die Hoffnung zu verlieren. Denn er war fest davon überzeugt, dass früher oder später die Zeit der Rückkehr kommen würde. Gott würde sein Versprechen halten und sie befreien. Und so geschah es wirklich. Esra berichtet von ihrer Heimkehr. Ermöglicht wurde dies durch den Zusammenbruch des babylonischen Reiches. Persien war das neue Reich, das in diesen Tagen die Welt beherrschte. Der Perserkönig erlaubte den Deportierten, nach Jerusalem zurückzukehren.

Mit diesen Worten sage Jesaja ihre Rückkehr voraus (Jesaja 11; 52,4-12; 55,12-13);

Ein Spross wächst aus dem Baumstumpf Isai,
ein neuer Trieb schießt hervor aus seinen Wurzeln.
Ihn wird der Herr mit seinem Geist erfüllen,
dem Geist, der Weisheit und Einsicht gibt,
der sich zeigt in kluger Planung und in Stärke,
in Erkenntnis und Ehrfurcht vor dem Herrn.
Gott zu gehorchen ist ihm eine Freude.
Er urteilt nicht nach dem Augenschein
und verlässt sich nicht aufs Hörensagen.
Den Entrechteten verhilft er zum Recht,
für die Armen im Land setzt er sich ein.
Seine Befehle halten das Land in Zucht,
sein Urteilsspruch tötet die Schuldigen.
Gerechtigkeit und Treue umgeben ihn
wie der Gürtel, der seine Hüften umschließt.
Dann wird der Wolf beim Lamm zu Gast sein,
der Panther neben dem Ziegenböckchen liegen;
gemeinsam wachsen Kalb und Löwenjunges auf,
ein kleiner Junge kann sie hüten.
Die Kuh wird neben dem Bären weiden
und ihre Jungen werden beieinander liegen;
der Löwe frisst dann Häcksel wie das Rind.
Der Säugling spielt beim Schlupfloch der Schlange,
das Kleinkind steckt die Hand in die Höhle der Otter.

Niemand wird Böses tun und Unheil stiften
auf dem Zion, Gottes heiligem Berg.
So wie das Meer voll Wasser ist,
wird das Land erfüllt sein von Erkenntnis des HERRN.
Wenn jene Zeit gekommen ist,
dann wird der Spross aus der Wurzel Isais
als Zeichen dastehen, sichtbar für die Völker;
dann kommen sie und suchen bei ihm Rat.
Von dem Ort, den er zum Wohnsitz nimmt,
strahlt Gottes Herrlichkeit hinaus in alle Welt.

Wenn jene Zeit gekommen ist, wird der Herr noch einmal die Hand erheben: Dann wird er den Rest seines Volkes befreien. Er wird alle zurückholen, die übrig geblieben sind in Assyrien und in Ägypten, in Äthiopien, Elam, Babylonien und im syrischen Hamat und bis hin zu den fernsten Küsten. Er stellt ein Feldzeichen auf, um diesen Völkern anzuzeigen, was er tun will. Er sammelt die Versprengten Israels, die Verstreuten Judas holt er zusammen. Aus allen Himmelsrichtungen bringt er sie zurück, Männer und Frauen.

Dann ist Schluss mit Efraïms Neid und die Feindseligkeit Judas hat ein Ende. Efraïm wird nicht mehr neidisch sein auf Juda und Juda wird Efraïm nicht mehr befeinden. Gemeinsam stürmen sie nach Westen, die Hänge hinab auf die Philister, und im Osten plündern sie die Wüstenstämme aus. Edom und Moab nehmen sie in Besitz, und die Ammoniter unterwerfen sich ihnen.

Der HERR wird die Meereszunge östlich von Ägypten für immer zum Verschwinden bringen. Dem Eufrat droht er mit erhobener Hand; durch seinen glühenden Atem zerreißt er ihn in sieben kleine Rinnsale, sodass man zu Fuß hindurchgehen kann. Dann wird es eine Straße geben für den Rest seines Volkes, der in Assyrien überlebt hat, genauso wie es damals eine Straße gab, als Israel Ägypten verließ.

Der HERR, der mächtige Gott, sagt: »Am Anfang zog mein Volk nach Ägypten und musste dort in der Fremde leben. Später kamen die Assyrer und haben es ohne Grund unterjocht. Und wie steht es jetzt? Man hat sie wie Sklaven weggeführt und nichts dafür bezahlt. Ihre Unterdrücker brüsten sich damit, ununterbrochen schmähen sie mich und ziehen meinen Namen in den Schmutz. Deshalb werde ich eingreifen, und mein Volk wird erkennen, wer ich bin. Sie werden erfahren, dass ich zur Stelle bin!«
Was für eine Freude! Über die Berge kommt der Siegesbote herbeigeeilt! Er bringt gute Nachricht, er verkündet Frieden und Rettung, er sagt zur Zionsstadt: »Dein Gott ist König der ganzen Welt!«
Horch, die Wächter der Stadt rufen laut, sie jubeln vor Freude; denn sie sehen mit eigenen Augen, wie der HERR auf den Berg Zion zurückkehrt.
Jubelt vor Freude, ihr Trümmer Jerusalems; denn der HERR hat Erbarmen mit seinem Volk, er befreit Jerusalem. Er greift ein, er hat seinen heiligen Arm vor den Augen aller Völker erhoben. Bis in den letzten Winkel der Erde sehen sie, wie unser Gott uns rettet.

Fort! Fort! Zieht weg von hier! Trennt euch von allem, was unrein ist! Zieht weg aus dem fremden Land, verlasst Babylon! Macht euch rein, denn ihr tragt die Geräte für den Tempel des HERRN. Diesmal sollt ihr nicht in Hast und Eile ausziehen, als müsstet ihr fliehen. Der HERR, der Gott Israels, geht vor euch her und er selbst beschließt euren Zug.

Unter Jubel werdet ihr den Weg in die Freiheit antreten, mit sicherem Geleit werdet ihr heimkehren. Berge und Hügel werden in ein Freudengeschrei ausbrechen, wenn sie euch sehen, und die Bäume der Steppe werden in die Hände klatschen. Wo ihr durchzieht, wachsen statt Dornbüschen Zypressen und statt Brennnesseln Myrten. Dies alles geschieht, damit der HERR gerühmt und gepriesen wird. Er setzt sich damit ein Denkmal, das alle Zeiten überdauert.

Esra zeichnete die offizielle Bekanntmachung auf, mit der der Perserkönig den Exilierten die Heimkehr erlaubte. Damit wurde für sie in der vollen Bedeutung des Wortes ein Traum wahr. (Esra 1)

Im ersten Regierungsjahr von Kyrus, dem König von Persien, ging in Erfüllung, was der HERR durch den Propheten Jeremia angekündigt hatte. Der HERR gab dem Perserkönig den Gedanken ein, in seinem ganzen Reich ausrufen und auch schriftlich bekannt machen zu lassen:

»Kyrus, der König von Persien, gibt bekannt: Der HERR, der Gott des Himmels, hat alle Königreiche der Erde in meine

Gewalt gegeben. Er hat mich beauftragt, ihm in Jerusalem in Judäa einen Tempel zu bauen. Hiermit ordne ich an: Wer von meinen Untertanen zum Volk dieses Gottes gehört, möge im Schutz seines Gottes nach Jerusalem in Judäa zurückkehren und dort das Haus des HERRN, des Gottes Israels, bauen; denn er ist der Gott, der in Jerusalem wohnt. Wer an irgendeinem Ort in meinem Reich vom Volk dieses Gottes übrig geblieben ist, soll dabei von seinen Nachbarn am Ort unterstützt werden. Sie sollen ihm Silber und Gold, Vieh und was er sonst noch braucht, sowie freiwillige Gaben für das Haus dieses Gottes in Jerusalem mitgeben.«

Alle, die Gott dazu bereitgemacht hatte, sein Haus in Jerusalem zu bauen, brachen unverzüglich auf: die Sippenoberhäupter der Stämme Juda und Benjamin mit ihren Angehörigen, die Priester, die Leviten und viele andere. Von ihren Nachbarn wurden sie unterstützt mit silbernen Geräten, Gold, Vieh und vielen anderen wertvollen und nützlichen Dingen; dazu kamen noch die freiwilligen Gaben für den Tempel.

König Kyrus gab auch die heiligen Geräte aus dem Tempel des HERRN zurück, die Nebukadnezzar in Jerusalem erbeutet und in die Schatzkammer im Tempel seines Gottes gebracht hatte. Der Perserkönig übergab sie seinem Schatzmeister Mitredat, der für Scheschbazzar, den Statthalter Judas, eine genaue Aufstellung machte. Das Verzeichnis erwähnt unter anderem:

 goldene Schalen: 30

silberne Schalen: 1000
silberne Schalen, ausgebessert: 29
goldene Becher: 30
silberne Becher, beschädigt: 410
andere Geräte: 1000
Insgesamt waren es 5400 Geräte aus Gold und Silber. Scheschbazzar brachte das alles mit, als er mit seinen verschleppten Landsleuten aus Babylon wieder nach Jerusalem kam.

Menschenhandel: Eine Form der Zwangsmigration

Viele Jahrhunderte lang war es legal, Menschen als Sklaven in die Zwangsarbeit zu verkaufen – bis dies als Verstoß gegen die Menschenrechte eingestuft wurde. Erst im 19. Jahrhundert wurde die Sklaverei in verschiedenen Ländern abgeschafft. Auch heute noch gibt es allerdings eine Form der Sklaverei, den so genannten Menschenhandel. Hierbei werden Menschen entführt und an einen anderen Ort gebracht, möglicherweise in derselben Stadt oder Region eines Landes. Sie können aber auch in andere Länder oder Kontinente verschleppt werden. Der Menschenhandel ist ein lukratives Geschäft. Er wirft weltweit die zweithöchsten Gewinne ab – etwas weniger als der Drogenhandel und etwas mehr als der Waffenhandel. In diesen drei Bereichen des organisierten Verbrechens wird heutzutage das meiste Geld gemacht. Obwohl der Menschenhandel in den meisten Ländern strafbar ist, zeigt der Bericht des Büros der Vereinten Nationen für Drogen- und Verbrechensbekämpfung (UNODC) für 2012, dass 20 Millionen Menschen Opfer dieses Verbrechens geworden sind. Ein hoher Prozentsatz davon sind Frauen und Kinder. Migranten sind dabei eine leichte Beute.

Zwangsarbeit und sexuelle Ausbeutung bilden heute einen großen Anteil der Fälle von Menschenrechtsverletzungen. In geringerem Umfang gibt es andere menschenverachtende Taten, die von den Statistiken nicht erfasst werden: Entführungen im Zusammenhang mit Organhandel, häusliche »Dienstleistungen«, Kinderpornografie, Verschleppung von Menschen zu Guerilla- und paramilitärischen Gruppen, Adoptionshandel, Kinderhandel und Ähnliches. Menschen wie marktfähige Ware oder übertragbares Eigentum zu behandeln, ist ein Verbrechen gegen die Menschlichkeit, das zeigt, wie tief Menschen in ihrer zügellosen Gier sinken können.

Die Bibel wurde vor langer Zeit geschrieben, zu einer Zeit, in der die Sklaverei noch allgemein akzeptierte Praxis war. Das zeigt z. B. die Geschichte von Hagar, Saras ägyptischer Sklavin (1 Mose/Genesis 16,1-6), und der Fall von Onesimus, dem Sklaven von Philemon (Philemonbrief). Gleichzeitig zeigt uns die Bibel aber auch, wie das Böse zu bekämpfen ist. Denn Gott verurteilt die Sünde und hat Mitleid mit den Opfern.

Ein Bruderzwist mit Folgen
Josef wird verkauft

Josef machte seine Sache gut als Einwanderer in Ägypten, denn er war anständig und vertraute auf Gott. Aber wie wir in dieser Erzählung sehen, musste er in jüngeren Jahren schweres Leid ertragen, das seine eifersüchtigen Brüder über ihn brachten. Zum Glück hat die Geschichte, wie wir schon gesehen haben, ein Happy End. Josef kam in Ägypten zu Macht und Ansehen und sein Vater zog mit den Brüdern schließlich zu ihm, um bei ihm zu leben. (1 Mose/Genesis 37)

Jakob nahm seinen Wohnsitz im Land Kanaan, dem Land, in dem schon sein Vater als Fremder gelebt hatte. Dies ist die Familiengeschichte Jakobs:

Jakobs Sohn Josef war noch ein junger Bursche von siebzehn Jahren. Er half seinen Brüdern, den Söhnen von Bilha und Silpa, beim Hüten der Schafe und Ziegen. Er hinterbrachte seinem Vater immer, was die Leute sich von dem Treiben seiner Brüder erzählten.

Jakob hatte Josef von allen seinen Söhnen am liebsten, weil er ihm erst im Alter geboren worden war. Deshalb ließ er ihm ein prächtiges Gewand machen. Als seine Brüder sahen, dass der Vater ihn mehr liebte als sie alle, begannen sie ihn zu hassen und konnten kein freundliches Wort mehr mit ihm reden.

Einmal hatte Josef einen Traum. Als er ihn seinen Brüdern erzählte, wurde ihr Hass noch größer. »Ich will euch sagen, was ich geträumt habe«, fing Josef an. »Wir waren miteinander auf dem Feld, schnitten Getreide und banden es in Garben. Auf einmal stellt sich meine Garbe auf und bleibt stehen. Und eure Garben, die stellen sich im Kreis um sie herum und verneigen sich vor meiner.«

Seine Brüder sagten zu ihm: »Du willst wohl noch König werden und über uns herrschen?« Wegen seiner Träume und weil er sie so offen erzählte, hassten ihn seine Brüder noch mehr.

Er hatte nämlich noch einen anderen Traum, und auch den erzählte er ihnen. »Ich habe noch einmal geträumt«, sagte er. »Ich sah die Sonne, den Mond und elf Sterne. Stellt euch vor: Die alle verneigten sich vor mir.«

Als er das seinem Vater und seinen Brüdern erzählte, fuhr sein Vater ihn an und sagte: »Was ist das für ein dummer Traum, den du da geträumt hast? Ich und deine Mutter und deine Brüder, wir alle sollen uns vor dir niederwerfen?«

Die Brüder waren eifersüchtig auf Josef; aber sein Vater behielt die Sache im Gedächtnis.

Einmal waren Josefs Brüder unterwegs; sie weideten die Schafe und Ziegen ihres Vaters in der Nähe von Sichem. Da sagte Jakob zu Josef: »Du weißt, deine Brüder sind mit den Herden bei Sichem. Ich will dich zu ihnen schicken.«

»Ich bin bereit«, antwortete Josef.

Sein Vater gab ihm den Auftrag: »Geh hin und sieh, ob es deinen Brüdern gut geht und ob auch bei den Herden alles in Ordnung ist. Dann komm wieder und bring mir Nachricht!«

So schickte Jakob ihn aus dem Tal von Hebron nach Sichem. Dort traf ihn ein Mann, wie er auf dem Feld umherirrte, und fragte ihn: »Was suchst du?«

»Ich suche meine Brüder«, sagte Josef, »kannst du mir sagen, wo sie ihre Herden weiden?«

Der Mann antwortete: »Sie sind nicht mehr hier. Ich hörte, wie sie sagten: ›Wir wollen nach Dotan gehen!‹ «

Da ging Josef ihnen nach und fand sie in Dotan.

Die Brüder sahen Josef schon von weitem. Noch bevor er herangekommen war, stand ihr Entschluss fest, ihn umzubringen. Sie sagten zueinander: »Da kommt der Kerl, dem seine Träume zu Kopf gestiegen sind! Schlagen wir ihn doch tot und werfen ihn in die nächste Zisterne! Wir sagen einfach: Ein Raubtier hat ihn gefressen. Dann wird man schon sehen, was aus seinen Träumen wird!«

Als Ruben das hörte, wollte er Josef retten. »Lasst ihn am Leben!«, sagte er. »Vergießt kein Blut! Werft ihn in die Zisterne da drüben in der Steppe, aber vergreift euch nicht an ihm!« Er hatte die Absicht, Josef heimlich herauszuziehen und zu seinem Vater zurückzubringen.

Als Josef bei ihnen ankam, zogen sie ihm sein Obergewand aus, das Prachtgewand, das er anhatte. Dann packten sie ihn und warfen ihn in die Zisterne. Die Zisterne war leer; es war kein Wasser darin. Dann setzten sie sich zum Essen.

Auf einmal sahen sie eine Karawane von ismaëlitischen Kaufleuten aus der Richtung von Gilead herankommen.

Die Ismaëliter waren auf dem Weg nach Ägypten; ihre Kamele waren mit den kostbaren Harzen Tragakant, Mastix und Ladanum beladen.
Da sagte Juda zu seinen Brüdern: »Was nützt es uns, wenn wir unseren Bruder umbringen? Wir werden nur schwere Blutschuld auf uns laden. Lassen wir ihn leben und verkaufen ihn den Ismaëlitern; er ist doch unser Bruder, unser eigen Fleisch und Blut!«
Die anderen waren einverstanden. Als die reisenden Kaufleute herankamen, zogen sie Josef aus der Zisterne. Sie verkauften ihn für 20 Silberstücke an die Ismaëliter, die ihn nach Ägypten mitnahmen.
Als nun Ruben wieder zur Zisterne kam, war Josef verschwunden. Entsetzt zerriss er seine Kleider, ging zu seinen Brüdern und rief: »Der Junge ist nicht mehr da! Was mache ich nur? Wo bleibe ich jetzt?«
Die Brüder schlachteten einen Ziegenbock und tauchten Josefs Prachtgewand in das Blut. Sie brachten das blutbefleckte Gewand zu ihrem Vater und sagten: »Das haben wir gefunden! Ist es vielleicht das Gewand deines Sohnes?«
Jakob erkannte es sogleich und schrie auf: »Mein Sohn! Es ist von meinem Sohn! Ein Raubtier hat ihn gefressen! Zerfleischt ist Josef, zerfleischt!«
Er zerriss seine Kleider, band den Sack um seine Hüften und betrauerte Josef lange Zeit. Alle seine Söhne und Töchter kamen zu ihm, um ihn zu trösten, aber er wollte sich nicht trösten lassen. »Nein«, beharrte er, »voll Kummer und

Gram gehe ich zu meinem Sohn in die Totenwelt hinunter!« So sehr hatte ihn der Verlust getroffen.
Die Kaufleute aber brachten Josef nach Ägypten und verkauften ihn dort an Potifar, einen Hofbeamten des Pharaos, den Befehlshaber der königlichen Leibwache.

Die Ablehnung von Einwanderern und Gesetze zu ihrem Schutz

Häufig stoßen Einwanderer auf Ablehnung, vor allem wenn sie arm sind und ins Land kommen, um ihre Lebensbedingungen zu verbessern. Die Einheimischen fühlen sich von ihnen bedroht. Die Neuankömmlinge wirken fremdartig und seltsam, weil sie andere Sitten und oft auch eine andere Religion haben. Ein Großteil der Leute macht die Zugewanderten für die Kriminalität auf den Straßen verantwortlich. Aber das ist falsch. Solche Menschen sehen weder den positiven Nutzen, den eine Kultur einer anderen bringen kann, noch das wirtschaftliche Wachstum, das die Arbeitskraft der Immigranten schafft. Stattdessen glauben sie, die Immigranten seien nur gekommen, um ihnen die Arbeitsplätze wegzunehmen und das staatliche Sozialsystem auszunutzen. Viele Immigranten werden beschimpft und misshandelt. Aus diesem Grund gibt es Gesetze wie die *Internationale Konvention zum Schutz der Rechte aller Wanderarbeitnehmer und ihrer Familienangehörigen* von den Vereinten Nationen. Zunehmend werden heute in verschiedenen Ländern Gesetze erlassen, um die Menschenrechte der Einwanderer zu stützen.

In biblischer Zeit war die Diskriminierung von Fremden weit verbreitet. Genauso wie andere Nationen diskriminierte auch das Volk Israel Einwanderer. Zum Beispiel hasste Rebekka ihre ausländischen Schwiegertöchter (1 Mose/Genesis 27,46; 28,1-2). Doch das Volk der Hebräer war auch dazu aufgerufen, ein Licht für alle Nationen zu sein, und einige der Gesetze, die Mose ihnen gab, dienten dem Wohl der Zuwanderer.

Viele Jahre später, nach der Rückkehr der Israeliten aus dem Exil in ihr Land, kam es dort zu großen Problemen. Der Priester Esra sah die Ursache dafür in sogenannten Mischehen, d.h. in Ehen, die die zurückgekehrten Juden mit nichtjüdischen Einheimischen eingegangen waren. Um angesichts des Exils als Volk zu überleben, hatten die Juden ihre Gesetze zu Reinheit und Unreinheit verschärft, und eine Heirat mit Fremden wurde abgelehnt. Das hatte immense Auswirkungen auf die Beziehungen zu den benachbarten Kulturen. Die nichtjüdischen Frauen, die an ihrer Kultur und Religion festhielten, litten unter der Härte dieser Gesetze.

Aber diese Haltung gegenüber Fremden ist nicht typisch für die gesamte Bibel. Wir finden auch andere Geschichten, wie z.B. die Geschichte von Rut, der Schwiegertochter von Noomi, die wir schon kennengelernt haben. Hier wird die übliche Sicht des jüdischen Volkes auf Einwanderer revidiert.

Eine Lehre aus der eigenen Vergangenheit

Gesetze zum Schutz von Einwanderern

Die Gesetze zum Schutz von Einwanderern und anderen nichtisraelitischen Landesbewohnern finden sich in verschiedenen Gesetzessammlungen in den fünf Büchern Mose: dem Bundesbuch (2 Mose/Exodus 20,22–23,19), dem Heiligkeitsgesetz (3 Mose/Levitikus 17–26), dem sog. sichemitischen Dekalog (5 Mose/Deuteronomium 27,15-26) und dem deuteronomistischen Gesetz (5 Mose/Deuteronomium 12–26). Die Gesetze sprechen diesen Menschen dieselben Rechte zu wie der übrigen Bevölkerung und schützen sie vor Misshandlung. Sie zeichnen Israel aus: Seine Nachbarvölker hatten solche Gesetze nicht. Der tiefere Grund für diesen Schutz liegt in der Tatsache, dass die Israeliten selbst als Einwanderer in Ägypten Leid und Misshandlung erlebt haben. (aus 2 Mose/Exodus 22–23; 3 Mose/Levitikus 19; 23; 5 Mose/Deuteronomium 10; 24; 27)

Beutet die Fremden nicht aus, die bei euch leben. Ihr wisst doch, wie es einem Fremden zumute ist, weil ihr selbst in Ägypten als Fremde gelebt habt.
Sechs Tage lang sollst du deine Arbeit verrichten, aber am siebten Tag sollst du alles ruhen lassen. Auch dein Rind und dein Esel sollen sich ausruhen; dein Sklave und der Fremde, der bei dir lebt, sollen sich erholen können.

Unterdrückt nicht die Fremden, die bei euch im Land leben, sondern behandelt sie genau wie euresgleichen. Jeder von euch soll seinen fremden Mitbürger lieben wie sich selbst. Denkt daran, dass auch ihr in Ägypten Fremde gewesen seid. Ich bin der Herr, euer Gott!

Wenn ihr erntet, sollt ihr euer Feld nicht bis an den Rand abernten und keine Nachlese halten. Lasst etwas übrig für die Armen und die Fremden bei euch. Ich bin der Herr, euer Gott!

Darum sollt auch ihr die Fremden lieben. Ihr habt ja selbst in Ägypten als Fremde gelebt.

Wenn ein armer, völlig mittelloser Mann um Tageslohn für dich arbeitet, darfst du ihn nicht ausbeuten, gleichgültig, ob er einer von deinen Brüdern ist oder ein Fremder, der bei euch lebt. Gib ihm seinen Lohn, bevor die Sonne untergeht; denn er braucht ihn dringend. Sonst beklagt er sich beim Herrn über dich und du wirst vor dem Herrn als schuldig dastehen.

Verweigert Fremden und Waisen nicht ihr Recht und nehmt nicht das Oberkleid einer Witwe zum Pfand. Denkt daran, dass auch ihr in Ägypten Sklaven gewesen seid und der Herr, euer Gott, euch von dort freigekauft hat. Deshalb sollt ihr euch um die Schwachen kümmern.

Wenn ihr bei der Ernte eine Garbe auf dem Feld vergessen habt, dann geht nicht zurück, um sie zu holen. Sie soll den Fremden, den Waisen und Witwen gehören. Dafür wird der Herr euch segnen bei allem, was ihr tut.

Wenn ihr die Oliven von euren Ölbäumen schüttelt, dann sucht nicht hinterher noch die Zweige ab. Lasst den Rest für die Fremden, die Waisen und Witwen. Wenn ihr in eurem Weinberg die Trauben erntet, dann haltet keine Nachlese. Lasst den Rest für die Fremden, die Waisen und Witwen. Denkt daran, dass ihr in Ägypten Sklaven gewesen seid, und handelt danach!
»Fluch über jeden, der einem Fremden, einer Witwe oder Waise ihr Recht vorenthält!« Und das ganze Volk sagt: »Amen!«

Religiöser Rigorismus und seine Kehrseite

Esra weist nichtjüdische Frauen aus

Die Geschichte von der Ausweisung fremder Frauen, die jüdische Männer geheiratet hatten, nachdem diese aus dem Exil heimgekehrt waren, ist bitter. Das Einzige, worauf es den Priestern ankam, war die strikte Einhaltung der Reinheitsgesetze. Und in Gottes Namen fügten sie noch mehr Gesetze hinzu, um die Reinheit des Volkes Israel zu bewahren und es von anderen Völkern getrennt zu halten. Im Neuen Testament zeigt Jesus eine andere Auffassung von Reinheit. Er rückte die Nächstenliebe und die Solidarität mit anderen in den Mittelpunkt, so wie es auch die Propheten getan haben (Jesaja 58,1-12). Mit dem Vorgehen von Esra und den anderen Verantwortlichen, die Frauen und Kinder wegschickten, um nicht durch sie verunreinigt zu werden, wäre Jesus sicher nicht einverstanden gewesen. (aus Esra 9–10)

Eine Anzahl von führenden Leuten kam zu mir und sagte: »Das Volk hat sich vergangen, die Männer Israels, die Priester und die Leviten. Sie haben sich nicht fern gehalten von den übrigen Bewohnern des Landes, die Götzen verehren, von den Kanaanitern, Hetitern, Perisitern, Jebusitern, Ammonitern, Moabitern, Ägyptern und Amoritern. Jüdische Männer haben Frauen aus diesen Völkern geheiratet, sodass sich das Volk Gottes mit fremden Völkern vermischt hat. Führende Männer und Ratsherren sind bei diesem Treubruch mit schlechtem Beispiel vorangegangen.«

Als ich das hörte, zerriss ich meine Kleider, das Ober- und das Untergewand, raufte mir die Haare und den Bart und setzte mich starr vor Entsetzen vor dem Tempelhaus nieder. So saß ich bis zur Zeit des Abendopfers. Um mich sammelten sich alle, die Angst hatten vor dem Urteil des Gottes Israels über den Treubruch der Heimgekehrten.

Zur Zeit des Abendopfers erhob ich mich aus meiner Erstarrung, kniete in meinen zerrissenen Kleidern nieder und betete mit ausgebreiteten Armen zum Herrn, meinem Gott.

»Mein Gott«, sagte ich, »ich schäme mich und wage nicht, meine Augen zu dir zu erheben; denn die Flut unserer Sünden reicht uns bis an die Kehle und der Berg unserer Verfehlungen ist bis zum Himmel gewachsen. Von der Zeit unserer Väter bis heute haben wir schweres Unrecht begangen. Wegen unserer Vergehen wurden wir, unsere Könige und unsere Priester in die Gewalt fremder Herrscher gegeben. Man hat uns hingeschlachtet, als Gefangene verschleppt, ausgeplündert und mit Schimpf und Schande überschüttet. So ist es bis heute geblieben.

Nun hast du jetzt für eine kurze Zeit Gnade walten lassen, HERR, unser Gott. Du hast einen Rest von uns übrig gelassen und uns an deiner heiligen Stätte in Sicherheit gebracht. Unsere Augen konnten wieder aufleuchten, du hast uns ein wenig aufatmen lassen in unserer Sklaverei. Wir sind noch Sklaven; aber doch hast du uns nicht verlassen. Du hast uns die Gunst der Könige von Persien finden lassen, sodass wir deinen Tempel aus den Trümmern wieder aufrichten konnten, und du hast uns in Judäa und Jerusalem eine sichere Wohnstätte gegeben.

Aber wie können wir vor dir, unserem Gott, bestehen nach dem, was jetzt vorgefallen ist? Wir haben gegen deine Gebote verstoßen, die du uns einst durch deine Diener, die Propheten, einschärfen ließest. Du hast uns durch sie sagen lassen: ›Das Land, das ihr in Besitz nehmen werdet, ist unrein durch den Götzendienst seiner Bewohner und die Götzenbilder, mit denen sie es von einem Ende bis zum andern angefüllt haben. Deshalb sollt ihr mit diesen Leuten keine Ehen schließen: Eure Töchter dürft ihr keinem Mann aus diesen Völkern geben und für eure Söhne keine Frau aus diesen Völkern nehmen. Sucht nicht ihre Freundschaft und schließt keine Verträge mit ihnen – für alle Zeiten nicht! Denn ihr sollt selbst stark werden, den Ertrag des Landes genießen und es euren Söhnen vererben als Besitz für alle kommenden Generationen.‹

Herr, du Gott Israels, du hast Gnade vor Recht ergehen lassen und uns als Rest deines Volkes gerettet, wie unser Hiersein das heute bezeugt. Und nun stehen wir vor dir mit unserer Schuld! Wir wissen: So können wir vor dir nicht bestehen!«

Während Esra vor dem Tempelhaus auf den Knien lag und unter Tränen zu Gott betete und die Schuld des Volkes bekannte, versammelte sich bei ihm eine große Gemeinde von Männern, Frauen und Kindern aus Israel. Sie alle weinten sehr.

Schechanja, der Sohn von Jehiël aus der Sippe Elam, sagte zu Esra: »Wir haben unserem Gott die Treue gebrochen; denn wir haben Frauen aus der Bevölkerung des Landes geheiratet. Aber trotzdem gibt es noch eine Hoffnung für Israel: Wir müssen jetzt mit unserem Gott einen Bund schließen und uns verpflichten, alle fremden Frauen mit ihren Kindern wegzuschicken. So hast du es uns geraten, und alle, die das Gebot unseres Gottes ernst nehmen, haben es befürwortet. Dem Gesetz Gottes muss Geltung verschafft werden. Darum steh auf! Du musst das in Ordnung bringen. Sei mutig und handle! Wir stehen hinter dir!«

Da stand Esra auf. Er ließ die Vorsteher der Priester aus der Nachkommenschaft von Levi und die Vorsteher von ganz Israel schwören, so zu handeln, wie Schechanja beantragt hatte, und sie schworen es. Dann verließ Esra den Platz vor dem Haus Gottes und ging in die Tempelzelle Johanans, des Sohnes von Eljaschib. Dort blieb er die Nacht über, aß nicht und trank nicht, so erschüttert war er über den Treubruch der Heimgekehrten.

Darauf ließ Esra in Judäa und Jerusalem ausrufen, dass alle Heimgekehrten sich in Jerusalem versammeln sollten. So hätten es die Vorsteher und Ältesten beschlossen. Jeder, der nicht vor Ablauf von drei Tagen komme, werde aus der Gemeinde der Heimgekehrten ausgeschlossen und sein gesamter Besitz werde eingezogen.

Pünktlich versammelten sich alle Männer der Stämme Juda und Benjamin in Jerusalem. Es war der 20. Tag des 9. Monats. Sie setzten sich auf den freien Platz vor dem Haus Gottes, zitternd wegen der anstehenden Sache und auch, weil es in Strömen regnete.

Der Priester Esra stand auf und sagte zu ihnen: »Durch eure Heirat mit fremden Frauen habt ihr dem HERRN die Treue gebrochen und so die Schuld Israels vergrößert. Gesteht jetzt vor dem HERRN, dem Gott eurer Väter, eure Schuld ein und tut, was er von euch erwartet. Trennt euch von den Bewohnern des Landes und von euren fremden Frauen!«

Die ganze Gemeinde rief laut: »Ja, das müssen wir tun! Genau wie du sagst!«

Sie gaben aber zu bedenken: »Wir sind zu viele hier und außerdem regnet es. Hier im Freien können wir nicht bleiben. Die Sache lässt sich auch nicht in ein oder zwei Tagen erledigen, weil so viele von uns darin verwickelt sind. Unsere Vorsteher sollen hier bleiben und im Auftrag der ganzen Gemeinde handeln. Jeder, der eine fremde Frau geheiratet hat, soll zur festgesetzten Zeit vor ihnen erscheinen, zusammen mit den Ältesten und Richtern seines Ortes. Alles soll in Ordnung gebracht werden, damit wir den glühenden Zorn unseres Gottes von uns abwenden, den wir mit diesem Treubruch auf uns gezogen haben.«

Alle stimmten zu, ausgenommen Jonatan, der Sohn von Asaël, und Jachseja, der Sohn von Tikwa, die von Meschullam und dem Leviten Schabbetai unterstützt wurden. Die Heimgekehrten verfuhren nach diesem Beschluss. Der Priester Esra rief die Oberhäupter aller Sippen namentlich auf und betraute sie mit dieser Aufgabe.

Am 1. Tag des 10. Monats traten sie zusammen, um mit der Untersuchung zu beginnen. Alle Männer, die fremde Frauen geheiratet hatten, mussten vor ihnen erscheinen. Bis zum 1. Tag des 1. Monats war die ganze Angelegenheit geregelt.

Alle diese Männer hatten nichtjüdische Frauen geheiratet. Unter den Frauen waren einige, die Kinder geboren hatten.

Eine hochgeschätzte Ausländerin in Israel
Rut

Zur selben Zeit, als das Buch Esra entstanden ist, entstand ein weiteres biblisches Buch, in dem das Thema Umgang mit Fremden eine wichtige Rolle spielt: das Buch Rut. Wir haben bereits gesehen, dass Rut eine Fremde aus dem Land Moab war und dass die Menschen in Betlehem sie hoch schätzten, obwohl Moab einer der erbittertsten Feinde von Israel war. Die Tatsache, dass die Erzählung von Rut zur gleichen Zeit spielt wie die Geschichte von Esra, zeigt deutlich, dass nicht alle Juden dieselbe Meinung vertraten. Rut wurde als Heldin angesehen und die Erinnerung an sie wurde für immer bewahrt.

Rut ist mehr wert als sieben Söhne

Im Folgenden können Sie noch einmal den letzten Teil der Geschichte von Rut lesen. Der abschließende Stammbaum weist Rut als Urgroßmutter von David aus. (Rut 4,13-20)

So nahm Boas Rut zur Frau. Der HERR ließ sie schwanger werden und sie gebar einen Sohn.
Da sagten die Frauen zu Noomi: »Der HERR sei gepriesen! Er hat dir heute in diesem Kind einen Löser geschenkt. Möge der Name des Kindes berühmt werden in Israel! Es

wird dir neuen Lebensmut geben und wird im Alter für dich sorgen. Denn es ist ja der Sohn deiner Schwiegertochter, die in Liebe zu dir hält. Wahrhaftig, an ihr hast du mehr als an sieben Söhnen!«
Noomi nahm das Kind auf ihren Schoß und wurde seine Pflegemutter.
Ihre Nachbarinnen kamen, um ihm einen Namen zu geben, denn sie sagten: »Noomi ist ein Sohn geboren worden!« Und sie gaben ihm den Namen Obed. Obed wurde der Vater Isais, Isai der Vater des Königs David.
Dies ist die Liste der Nachkommen von Perez: Perez zeugte Hezron, Hezron zeugte Ram, Ram zeugte Amminadab, Amminadab zeugte Nachschon, Nachschon zeugte Salmon, Salmon zeugte Boas, Boas zeugte Obed, Obed zeugte Isai und Isai zeugte David.

Rut erscheint im Stammbaum von Jesus von Nazaret

Vielen Menschen ist es wichtig, ihre Wurzeln zu kennen. Auch für Israeliten waren Aufzeichnungen über die Ahnenreihe sehr wichtig. Da die hebräische Kultur patriarchal strukturiert war, folgte der Stammbaum der männlichen Linie. Interessanterweise sind allerdings in einigen Fällen auch Namen von Frauen überliefert. So auch im Stammbaum von Jesus im Matthäusevangelium. Hier werden vier Frauen genannt, darunter zwei Ausländerinnen: Rahab, die Kanaaniterin aus Jericho, und Rut, die

Moabiterin. Diese beiden ausländischen Frauen wurden sehr geschätzt. Ihre Namen werden auf ewig erhalten bleiben als Teil des Stammbaums von König David und von Jesus, dem Messias. (Matthäus 1,1-16)

Dieses Buch berichtet über die Herkunft und Geschichte von Jesus Christus, dem Nachkommen Davids und Nachkommen Abrahams.
Abraham zeugte Isaak.
Isaak zeugte Jakob.
Jakob zeugte Juda und seine Brüder.
Juda zeugte Perez und Serach; die Mutter war Tamar.
Perez zeugte Hezron.
Hezron zeugte Ram.
Ram zeugte Amminadab.
Amminadab zeugte Nachschon.
Nachschon zeugte Salmon.
Salmon zeugte Boas; die Mutter war Rahab.
Boas zeugte Obed; die Mutter war Rut.
Obed zeugte Isai.
Isai zeugte den König David.
David zeugte Salomo; die Mutter war die Frau Urijas.
Salomo zeugte Rehabeam.
Rehabeam zeugte Abija.
Abija zeugte Asa.
Asa zeugte Joschafat.
Joschafat zeugte Joram.
Joram zeugte Usija.

Usija zeugte Jotam.
Jotam zeugte Ahas.
Ahas zeugte Hiskija.
Hiskija zeugte Manasse.
Manasse zeugte Amon.
Amon zeugte Joschija.
Joschija zeugte Jojachin und seine Brüder.
Das war zu der Zeit, als die Bevölkerung von Jerusalem und Juda nach Babylonien in die Verbannung weggeführt wurde.
Nach der Wegführung zeugte Jojachin Schealtiël.
Schealtiël zeugte Serubbabel.
Serubbabel zeugte Abihud.
Abihud zeugte Eljakim.
Eljakim zeugte Azor.
Azor zeugte Zadok.
Zadok zeugte Achim.
Achim zeugte Eliud.
Eliud zeugte Eleasar.
Eleasar zeugte Mattan.
Mattan zeugte Jakob.
Jakob zeugte Josef, den Mann von Maria.
Sie wurde die Mutter von Jesus, der Christus genannt wird.

Wenn Einwanderer erfolgreich sind

Vieles in der Medienberichterstattung über Migranten dreht sich um die Tragödien, die sie erleben: Schiffbruch, Hunger, Verschleppung oder Abschiebung. Man könnte meinen, dass die meisten Migranten schlecht behandelt oder in ihre Heimat zurückgeschickt werden. Aber das stimmt nicht. Unzählige Einwanderer in der ganzen Welt sind glücklich, nun an einem Ort zu leben, an dem sie als Einwanderer willkommen sind. Viele lernen dort eine neue Kultur und eine neue Sprache. Sie beginnen ein neues Leben mit bescheidenem Wohlstand. Viele finden Arbeit oder gründen ein eigenes kleines Geschäft. Sie ermöglichen es ihren Kindern zu studieren. Sie haben Zugang zu medizinischer Versorgung. Darüber hinaus können viele Immigranten regelmäßig Geld an die Familienmitglieder schicken, die sie zurückgelassen haben. Große Kapitalmengen werden auf diesem Wege transferiert und spielen eine wesentliche Rolle in der Wirtschaft mancher Länder (z. B. in Mittelamerika). Zwar werden Einwanderer immer auch mit vielfältigen Problemen konfrontiert. Aber sie spüren, dass nicht nur sie selbst von der Entscheidung, ihr Heimatland zu verlassen, profitieren, sondern auch das Land, das sie aufgenommen hat, und – dank der Geldsendungen – sogar ihr Herkunftsland.

Es ist bemerkenswert, dass es in der Bibel nur sehr wenige Geschichten von Einwanderern gibt, die wirtschaftlich erfolgreich waren. Und bei fast allen erfolgreichen Einwanderern handelte es sich um Erzväter. Wenn man es genau nimmt, waren diese eigentlich gar keine Einwanderer, denn sie lebten als Halbnomaden. Man könnte sagen, sie waren ewige Migranten: Sie wanderten aus, sie wanderten ein und wanderten dann wieder aus. Im Neuen Testament findet sich keine einzige Geschichte von erfolgreichen Migranten. Vielleicht könnte man Lydia als eine solche Migrantin ansehen, denn auf ihre eigene, bescheidene Art war sie in der Lage, ein eigenes Geschäft in der Stadt Philippi zu betreiben. In der Apostelgeschichte erscheint sie als eine Führungspersönlichkeit.

Nicht immer bringt Gottes Segen auch wirtschaftlichen Erfolg mit sich. Die Apostel sollten anderen Menschen dienen, die Gute Nachricht von der Rettung predigen, die Verzagten ermutigen, Kranke heilen und den Elenden ihre Würde zurückgeben. Reich werden sollten sie damit nicht. Paulus lehrte die christliche Gemeinde in Korinth, dass das, was ihn als Apostel auszeichnete, seine Leiden waren (1 Korinther 9–13; 2 Korinther 1,3-11). Er musste harte Arbeit als Handwerker leisten, um seine Missionsreisen durchführen zu können. Aber Paulus war zufrieden mit dem, was er hatte (Philipper 4,11-13). Im Neuen Testament geht es darum, die menschliche Würde zur Geltung zu bringen, die von der Gnade Gottes gestiftet wird. Der finanzielle Wohlstand soll nicht vermehrt werden. Die Männer und Frauen, die von Jesus geheilt oder gespeist worden waren, waren auf andere Weise reich geworden: Sie waren wieder Teil der Gesellschaft geworden.

Das schmälert nicht die Wertschätzung, die dem Wohlstand der Erzväter entgegengebracht wird. Dieser hatte in der hebräischen Kultur eine große Bedeutung, denn er galt als ein Hinweis auf den Segen Gottes. Klar ausgesprochen wird das von Abrahams treuem Diener, der loszog, um in der Familie von Nahor eine Frau für Isaak zu finden: »Der HERR hat meinen Herrn reich gesegnet und zu hohem Ansehen gebracht. Er hat ihm viele Schafe, Ziegen und Rinder gegeben, dazu Silber und Gold, Sklaven und Sklavinnen, Kamele und Esel. Auch hat Sara, die Frau meines Herrn, ihm in ihrem Alter noch einen Sohn geboren, dem er seinen ganzen Besitz vermacht hat.« (1 Mose/Genesis 24,35-36)

Der Wille, erfolgreich zu sein, ist nicht verwerflich. Sehen wir uns ein paar der Geschichten an, die ein Schlaglicht auf den Wohlstand und Erfolg der Erzväter werfen.

Zu viel des Guten
Isaaks Reichtum führt zu Streit

Manchmal schlagen sich Einwanderer so gut, dass ihr Wohlstand zum Problem für sie wird. Die Einheimischen werden neidisch oder fühlen sich sogar von ihnen bedroht. So erging es auch Abrahams Sohn Isaak. (1 Mose/Genesis 26,12-17)

Isaak säte in Gerar Getreide aus und erntete in diesem Jahr hundertmal so viel, wie er gesät hatte. Denn der Herr segnete ihn. Auch weiterhin vermehrte sich Isaaks Besitz, und er wurde ein sehr reicher Mann. Er hatte so viele Schafe, Ziegen, Rinder und Knechte, dass die Philister neidisch wurden. Deshalb schütteten sie alle Brunnen zu, die von den Knechten seines Vaters Abraham gegraben worden waren.
Abimelech sagte zu Isaak: »Zieh von uns weg! Du bist uns zu mächtig geworden.« So verließ Isaak das Stadtgebiet und schlug sein Lager im Tal von Gerar auf.

Lug und Betrug – und doch ein Happy End
Jakob bringt Laban und sich selbst zu Wohlstand

Die Geschichte von Abrahams Enkel Jakob ist packend, voll von Intrigen und Missverständnissen. Wir haben schon gesehen: Jakob war ein Betrüger – und das brachte ihn voran! Er täuschte seinen Vater und stahl seinem Bruder Esau den väterlichen Segen. Er musste auswandern, denn sein Bruder drohte, ihn zu töten. Er kam in die Heimat seines Onkels Laban und verliebte sich in dessen Tochter Rahel. Aber um sie heiraten zu dürfen, musste er sieben Jahre lang für seinen Onkel arbeiten. In der Hochzeitsnacht gab sein Onkel ihm die falsche Braut, nämlich seine ältere Tochter Lea. Doch Jakob liebte Rahel noch immer. Um auch sie heiraten zu dürfen, arbeitete er noch einmal sieben Jahre für Laban. Diese langen Jahre der Arbeit machten ihn sehr wohlhabend – aber nicht nur ihn, sondern auch seinen Onkel Laban. Jakob setzte auch auf List und Betrug, als er mit seinem Onkel über den Lohn für seine Arbeit verhandelte. Doch er musste vorsichtig sein, denn Laban agierte genauso trickreich und verschlagen wie er. Jakob wurde ein reicher Mann mit großen Herden, Frauen und vielen Kinder. Der Gott Jakobs ist so barmherzig, dass er Jakob sogar trotz seiner Betrügereien immer noch liebte. (1 Mose/Genesis 29–30)

Jakob machte sich auf den Weg und wanderte weiter, dem Steppenland im Osten zu.
Eines Tages kam er am Rand der Steppe zu einem Brunnen, aus dem die Hirten der Gegend ihr Vieh tränkten. Drei Herden Schafe und Ziegen lagerten dort; aber der große Stein lag noch auf dem Brunnenloch. Die Hirten warteten für gewöhnlich, bis alle Herden beisammen waren; dann schoben sie den Stein weg, tränkten die Tiere und schoben den Stein wieder an seinen Platz.
»Meine Brüder, wo seid ihr zu Hause?«, fragte Jakob die Hirten.
»In Haran«, antworteten sie.
Er fragte weiter: »Kennt ihr dort Laban, den Sohn Nahors?«

»Gewiss«, sagten sie.
»Geht es ihm gut?«, wollte Jakob wissen.
»O ja«, war die Antwort; »da drüben kommt gerade seine Tochter Rahel mit ihrer Herde!«
»Warum wartet ihr eigentlich hier?«, sagte Jakob. »Die Sonne steht noch hoch und es ist zu früh, um die Herden zusammenzutreiben. Tränkt sie und lasst sie wieder weiden!«
Die Hirten erwiderten: »Das geht nicht! Erst müssen die anderen Herden hier sein. Dann schieben wir miteinander den Stein weg und geben dem Vieh zu trinken.«
Während er noch mit ihnen redete, war auch schon Rahel mit der Herde herangekommen. Sie war Hirtin und hütete die Schafe und Ziegen ihres Vaters.
Jakob sah Rahel und ihre Herde, und er sagte sich: »Sie ist die Tochter Labans, des Bruders meiner Mutter, und das hier sind die Schafe und Ziegen Labans, des Bruders meiner Mutter!« Und er ging zum Brunnen, schob den Stein zur Seite und tränkte die Tiere Labans, des Bruders seiner Mutter.
Dann küsste er Rahel und weinte laut. Er sagte ihr, dass er der Neffe ihres Vaters und ein Sohn von Rebekka sei; und sie lief zu ihrem Vater und erzählte es ihm.
Als Laban hörte, dass der Sohn seiner Schwester gekommen war, lief er Jakob entgegen. Er umarmte und küsste ihn und nahm ihn mit sich in sein Haus.
Jakob erzählte ihm, was ihn hergeführt hatte. Als Laban alles gehört hatte, sagte er zu ihm: »Ja, du bist wahrhaftig mein eigen Fleisch und Blut!«

Jakob war nun schon einen Monat lang im Haus seines Onkels. Eines Tages sagte Laban zu ihm: »Du sollst nicht umsonst für mich arbeiten, nur weil du mein Verwandter bist. Was willst du als Lohn haben?«

Nun hatte Laban zwei Töchter, die ältere hieß Lea, die jüngere Rahel. Lea hatte glanzlose Augen, Rahel aber war ausnehmend schön. Jakob liebte Rahel und so sagte er: »Gib mir Rahel, deine jüngere Tochter, zur Frau! Ich will dafür sieben Jahre bei dir arbeiten.«

Laban sagte: »Ich gebe sie lieber dir als einem Fremden. Bleib also die Zeit bei mir!«

Jakob arbeitete bei Laban sieben Jahre für Rahel, und weil er sie so sehr liebte, kamen ihm die Jahre wie Tage vor. Danach sagte er zu Laban: »Die Zeit ist um. Gib mir jetzt die Frau, um die ich gearbeitet habe! Ich will mit ihr Hochzeit halten.«

Laban lud alle Leute im Ort zur Hochzeitsfeier ein. Aber am Abend führte er nicht Rahel, sondern Lea ins Brautgemach und Jakob schlief mit ihr. Als Dienerin gab Laban ihr seine Sklavin Silpa.

Am Morgen sah Jakob, dass es gar nicht Rahel, sondern Lea war. Da stellte er Laban zur Rede: »Warum hast du mir das angetan? Ich habe doch um Rahel gearbeitet! Warum hast du mich betrogen?«

»Es ist bei uns nicht Sitte«, erwiderte Laban, »die Jüngere vor der Älteren wegzugeben. Verbringe jetzt mit Lea die Hochzeitswoche, dann geben wir dir Rahel noch dazu. Du wirst dann um sie noch einmal sieben Jahre arbeiten.«

Jakob ging darauf ein. Nachdem die Woche vorüber war, gab Laban ihm auch Rahel zur Frau. Als Dienerin gab er Rahel seine Sklavin Bilha.
Jakob schlief auch mit Rahel, und er hatte sie lieber als Lea. Er blieb noch einmal sieben Jahre lang bei Laban und arbeitete für ihn.
Der Herr sah, dass Jakob Lea zurücksetzte, deshalb schenkte er ihr Kinder, während Rahel kinderlos blieb.
Als Lea ihren ersten Sohn geboren hatte, sagte sie: »Der Herr hat meinen Kummer gesehen; jetzt wird mein Mann mich lieben.« Deshalb nannte sie das Kind Ruben.
Danach wurde sie wieder schwanger und gebar einen zweiten Sohn. Sie sagte: »Der Herr hat mir auch noch diesen gegeben, weil er gehört hat, dass mein Mann mich zurückgesetzt hat.« So nannte sie ihn Simeon.
Wieder wurde sie schwanger und gebar einen Sohn. »Jetzt habe ich meinem Mann drei Söhne geboren«, sagte sie; »nun wird er vielleicht doch an mir hängen.« Deshalb nannte sie ihn Levi.
Als sie schließlich ihren vierten Sohn zur Welt brachte, sagte sie: »Jetzt will ich dem Herrn danken«, und nannte ihn Juda. Dann bekam sie lange Zeit keine Kinder mehr.
Als Rahel sah, dass Lea Kinder bekam und sie nicht, wurde sie eifersüchtig auf ihre Schwester und sagte zu Jakob: »Sorge dafür, dass ich Kinder bekomme, sonst will ich nicht länger leben!«
Jakob wurde zornig und sagte: »Kann denn ich etwas dafür? Ich bin doch nicht Gott, der dir Kinder versagt!«

Da sagte Rahel: »Hier hast du meine Dienerin Bilha. Schlafe mit ihr, damit sie an meiner Stelle ein Kind bekommt. Wenn sie es auf meinem Schoß zur Welt bringt, ist es wie mein eigenes.«

So gab Rahel ihm ihre Dienerin Bilha zur Frau und er schlief mit ihr. Bilha wurde schwanger und gebar Jakob einen Sohn. Rahel sagte: »Gott hat mir zu meinem Recht verholfen, er hat meine Bitten gehört und mir einen Sohn geschenkt.« Darum nannte sie ihn Dan.

Danach wurde Rahels Dienerin Bilha noch einmal schwanger und gebar Jakob einen weiteren Sohn. Rahel sagte: »Mit Gottes Hilfe habe ich gegen meine Schwester gekämpft und habe gesiegt.« Und sie nannte ihn Naftali.

Als Lea sah, dass sie keine Kinder mehr bekam, gab sie Jakob ihre Dienerin Silpa zur Frau. Auch Silpa gebar Jakob einen Sohn. »Er bringt Glück«, sagte Lea und nannte ihn Gad.

Danach gebar Silpa noch einen zweiten Sohn, und Lea sagte: »Ich bin glücklich! Alle Frauen werden mich beneiden.« Darum nannte sie ihn Ascher.

Zur Zeit der Weizenernte ging Ruben einmal aufs Feld. Er fand dort Alraunfrüchte und brachte sie seiner Mutter Lea. Da bat Rahel ihre Schwester: »Gib mir doch ein paar von diesen Zauberfrüchten, die dein Sohn gefunden hat.«

Aber Lea sagte: »Reicht es dir nicht, dass du mir meinen Mann weggenommen hast? Musst du mir auch noch die Liebesäpfel meines Sohnes nehmen?«

Rahel erwiderte: »Wenn du sie mir gibst, soll Jakob meinetwegen heute Nacht bei dir schlafen.«

Als Jakob am Abend vom Feld nach Hause kam, ging ihm Lea entgegen und sagte: »Heute musst du bei *mir* schlafen; ich habe dafür mit den Liebesäpfeln meines Sohnes bezahlt.« Jakob schlief bei ihr, und Gott erhörte Leas Bitte. Sie wurde schwanger und gebar Jakob einen fünften Sohn. Sie sagte: »Gott hat mich dafür belohnt, dass ich meinem Mann meine Dienerin gegeben habe.« Darum nannte sie ihn Issachar.
Sie wurde noch einmal schwanger und gebar Jakob einen sechsten Sohn. Und sie sagte: »Gott hat mir ein kostbares Geschenk gemacht. Jetzt endlich wird mein Mann mich annehmen, nachdem ich ihm sechs Söhne geboren habe.« Darum nannte sie ihn Sebulon.
Danach gebar sie noch eine Tochter und nannte sie Dina.
Da endlich dachte Gott an Rahel: Er erhörte ihr Gebet und öffnete ihren Mutterschoß. Sie wurde schwanger und brachte einen Sohn zur Welt. Da sagte sie: »Gott hat meine Schande von mir genommen.« Sie nannte ihn Josef und sagte: »Möge der HERR mir noch einen Sohn dazugeben!«
Nachdem Rahel Josef geboren hatte, sagte Jakob zu Laban: »Lass mich nun frei! Ich möchte in meine Heimat zurückkehren. Gib mir meine Frauen und Kinder, die ich mit meiner Arbeit verdient habe, und lass mich ziehen! Du weißt, wie ich mich mit aller Kraft für dich eingesetzt habe.«
Aber Laban erwiderte: »Erweise mir die Gunst, noch zu bleiben! Ich habe genau gemerkt, dass der HERR mich deinetwegen gesegnet und mir Wohlstand geschenkt hat. Was willst du künftig als Lohn? Ich gebe dir, was du verlangst.«

Jakob sagte: »Du weißt ja, was ich für dich getan habe und wie dein Vieh sich vermehrt hat. Bevor ich kam, hattest du nur ein paar Tiere, und nun sind daraus so riesige Herden geworden. Für jeden meiner Schritte hat der HERR dich gesegnet. Jetzt muss ich endlich einmal an mich selbst denken und für meine Familie sorgen!«

»Sag doch, was verlangst du als Lohn?«, fragte Laban.

»Gar nichts«, sagte Jakob; »du musst nur eine einzige Bedingung erfüllen, dann werde ich auch weiterhin für deine Herden sorgen: Ich werde heute aus deiner Herde alle schwarzen, schwarz gefleckten und schwarz gesprenkelten Schafe und alle weiß gescheckten und weiß gesprenkelten Ziegen entfernen. Wenn danach trotzdem noch ein gesprenkeltes oder geflecktes Ziegenlamm oder ein schwarzes Schaflamm geworfen wird, soll es mir als Lohn gehören. Du wirst künftig auf *einen* Blick sehen können, ob ich ehrlich gegen dich bin oder ob ich dich bestohlen habe: Die Farbe meiner Tiere wird für mich zeugen.«

»Einverstanden!«, antwortete Laban. »Wir machen es, wie du vorgeschlagen hast.« Er suchte noch am gleichen Tag aus seiner Herde alle Ziegen und Ziegenböcke heraus, an denen etwas Weißes war, und alle Schafe, an denen etwas Schwarzes war. Er gab sie seinen Söhnen, und die mussten damit drei Tagereisen weit wegziehen. Die restliche Herde blieb unter der Aufsicht Jakobs.

Nun schnitt sich Jakob Zweige von Pappeln, Mandelbäumen und Platanen und schälte Streifen von der Rinde ab. Diese weiß gestreiften Stecken legte er in die Tränkrinnen, wenn die Tiere zum Trinken kamen; denn er wusste, dass sie sich dort paarten. Und weil die Tiere beim Anblick der Stäbe begattet wurden, warfen sie lauter gestreifte, gesprenkelte und gescheckte Junge. Außerdem ließ Jakob die Tiere bei der Paarung in Richtung auf die gestreiften und dunkelfarbigen Tiere der Herde Labans blicken. Die jungen Tiere nahm Jakob beiseite und bildete eine eigene Herde daraus.

Er legte die Stecken aber nur dann in die Tränkrinnen, wenn die kräftigen Tiere sich begatteten; bei den schwächlichen Tieren tat er es nicht. So bekam Jakob die kräftigen Jungtiere und Laban die schwachen.

Auf diese Weise wurde Jakob sehr reich und besaß schließlich viele Herden, dazu Esel, Kamele, Sklaven und Sklavinnen.

Eine beachtliche Karriere

Josef in Ägypten

Keiner der Erzväter hat als Einwanderer größere Macht erlangt als Josef. Als Ägypten unter einer Hungersnot litt, gab der Pharao ihm die Verantwortung für die Nahrungsmittelversorgung des Landes. Zu dieser Zeit war er eine der wichtigsten Personen in Ägypten.

Aber wie so viele Einwanderer hatte Josef zuvor eine ganze Reihe von Schwierigkeiten überwunden. In seinem Heimatland wurde er als Sklave nach Ägypten verkauft.

Als sich seine Situation dort beruhigt hatte, führten ihn falsche Beschuldigungen zu einem neuen Tiefpunkt: Er wurde ins Gefängnis geworfen. Erst als er die Gelegenheit hatte, dem Pharao seine besondere, ihm von Gott gegebene Gabe der Traumdeutung zu zeigen, endete sein Leiden. Denn mittels dieser Gabe konnte er einen Traum deuten, der den Pharao furchtbar quälte. Daraufhin schenkte dieser ihm die Freiheit. Doch die Härten, die Josef zuvor erfahren hatte, zeigten sich in den Namen seine Kinder: Seinen ersten Sohn nannte er Manasse (»der vergessen lässt«) und erklärte: »Gott hat mich alle Not und den Verlust meiner Familie vergessen lassen.« Seinen zweiten Sohn nannte er Efraim (»Fruchtland, Weideland«): »Denn, sprach er, Gott hat mich fruchtbar gemacht im Land meines Elends.« (1 Mose/Genesis 40–41)

Bald danach ließen sich zwei höhere Beamte des Pharaos etwas gegen den Pharao zuschulden kommen, der oberste Mundschenk und der oberste Bäcker. Ihr Herr, der Pharao, wurde zornig auf sie und ließ sie im Haus des Befehlshabers seiner Leibwache in Haft halten, in dem Gefängnis, in dem auch Josef war. Der Befehlshaber der Leibwache teilte ihnen Josef als Diener zu.
Nach einiger Zeit hatte jeder der beiden in der Nacht einen Traum, der für ihn von Bedeutung war. Als Josef am Morgen bei ihnen eintrat, sah er gleich, dass sie in schlechter Stimmung waren. »Warum lasst ihr heute den Kopf hängen?«, fragte er sie.

»Wir haben geträumt«, antworteten sie, »und hier im Gefängnis haben wir keinen Traumdeuter, der uns sagen kann, was es bedeutet.«
Josef sagte: »Träume zu deuten ist Gottes Sache. Erzählt mir doch einmal, was ihr geträumt habt!«
Zuerst erzählte der oberste Mundschenk seinen Traum: »Ich sah vor mir einen Weinstock, und an dem Weinstock waren drei Ranken. Der Saft stieg in die Knospen, sie blühten auf, und schon reiften die Trauben. Ich hatte den Becher des Pharaos in der Hand. Ich nahm die Trauben, presste sie über dem Becher aus und reichte den Becher dem Pharao.«
Josef sagte: »Hier ist die Deutung: Die drei Ranken sind drei Tage. Heute in drei Tagen wird der Pharao dich erhöhen und dich wieder in dein Amt einsetzen. Dann wirst du wieder wie früher sein Mundschenk sein und ihm den Becher reichen. Aber vergiss mich nicht, wenn es dir gut geht! Tu mir den Gefallen und empfiehl mich dem Pharao! Bring mich aus diesem Kerker heraus! Man hat mich aus dem Land der Hebräer entführt, und auch hier in Ägypten habe ich nichts Unrechtes getan. Ich bin ohne jede Schuld in diesem Loch.«
Als der oberste Bäcker sah, dass Josef dem Traum eine günstige Deutung gegeben hatte, sagte er: »Auch ich hatte einen Traum, in dem ich selber vorkam! Auf dem Kopf trug ich drei Körbe mit Gebäck, einen über dem andern. Im obersten lagen Backwaren für die Tafel des Pharaos. Da kamen Vögel und fraßen den Korb leer.«

Josef sagte: »Hier ist die Deutung: Die drei Körbe sind drei Tage. Heute in drei Tagen wird der Pharao dich erhöhen und an einen Baum hängen. Dann werden die Vögel dein Fleisch fressen.«

Drei Tage später feierte der Pharao seinen Geburtstag. Er lud alle seine Hofbeamten zu einem Festmahl ein. Da erhöhte er den obersten Mundschenk und den obersten Bäcker vor ihnen allen: Den einen setzte er wieder in sein Amt ein und er durfte ihm den Becher reichen, den andern ließ er hängen, genau wie Josef es vorausgesagt hatte.

Aber der oberste Mundschenk dachte nicht an Josef; er hatte ihn schon vergessen.

Zwei volle Jahre waren vergangen, da hatte der Pharao einen Traum. In dem Traum stand er am Ufer des Nils, und er sah: Aus dem Nil stiegen sieben schöne, wohlgenährte Kühe und weideten in dem Gras, das am Ufer wuchs. Danach sah er sieben andere Kühe aus dem Nil steigen, hässlich und mager, die stellten sich neben sie. Und die mageren Kühe fielen über die fetten her und fraßen sie auf.

Der Pharao wachte auf und schlief noch einmal ein. Wieder hatte er einen Traum, und er sah: Auf einem einzigen Halm wuchsen sieben dicke, volle Ähren. Nach ihnen wuchsen sieben andere Ähren auf, die blieben kümmerlich und waren vom Ostwind ausgedörrt. Und die kümmerlichen Ähren verschlangen die sieben dicken, vollen Ähren.

Da erwachte der Pharao und merkte, dass es ein Traum gewesen war.

Am Morgen war er sehr beunruhigt und ließ alle Gelehrten und Wahrsager Ägyptens rufen. Er erzählte ihnen, was er geträumt hatte, aber keiner von ihnen konnte ihm sagen, was es bedeuten sollte.

Da wandte sich der oberste Mundschenk an den Pharao und sagte: »Ich muss den Pharao heute an meine früheren Verfehlungen erinnern. Mein Herr, der Pharao, war unzufrieden mit seinen Dienern, mit mir und mit dem obersten Bäcker, und ließ uns im Haus des Befehlshabers der Leibwache gefangen halten. Dort hatte einmal jeder von uns beiden einen Traum, der für ihn wichtig war, in derselben Nacht.

Nun hatten wir im Gefängnis als Diener einen jungen Hebräer, einen Sklaven des Befehlshabers der Leibwache; dem erzählten wir unsere Träume, und er erklärte jedem, was sein Traum bedeutete. Und es ist alles genauso eingetroffen, wie er es vorausgesagt hatte: Ich wurde wieder in mein Amt eingesetzt und der andere wurde gehängt.«

Sofort sandte der Pharao nach Josef und sie holten ihn aus dem Kerker. Er ließ sich die Haare schneiden, zog seine guten Kleider an und trat vor den Pharao. Der sagte zu ihm: »Ich habe etwas geträumt, und niemand kann mir sagen, was es bedeutet. Man hat mir gesagt, dass du jeden Traum auf der Stelle deuten kannst.«

»Nicht ich!«, erwiderte Josef. »Die Antwort kommt von Gott, und er wird dem Pharao bestimmt etwas Gutes ankündigen.«

Da erzählte der Pharao: »In meinem Traum stand ich am Nil und sah sieben schöne, wohlgenährte Kühe aus dem Wasser steigen und im Ufergras weiden. Und dann stiegen sieben andere Kühe heraus, ganz elend und bis auf die Knochen abgemagert; ich habe in ganz Ägypten noch nie so hässliche gesehen. Die mageren Kühe fraßen die fetten; aber es half ihnen nichts, sie blieben so dürr und hässlich wie zuvor. Da wachte ich auf.

Dann hatte ich einen zweiten Traum: Ich sah, wie auf einem einzigen Halm sieben prächtige, volle Ähren wuchsen. Danach sah ich sieben schwache, kümmerliche Ähren aufwachsen, ganz vom Ostwind ausgedörrt. Und die kümmerlichen Ähren verschlangen die sieben vollen.

Ich habe es schon den Wahrsagern erzählt«, schloss der Pharao, »aber keiner konnte mir sagen, was es bedeutet.«

Da antwortete Josef: »Gott hat dem Pharao im Traum gezeigt, was er vorhat. Beide Träume bedeuten dasselbe; es ist eigentlich ein einziger Traum. Die sieben fetten Kühe und die sieben prächtigen Ähren bedeuten sieben fruchtbare Jahre. Die sieben mageren, hässlichen Kühe und die sieben kümmerlichen, vertrockneten Ähren bedeuten ebenso viele Hungerjahre.

Ich habe es schon gesagt: Damit will Gott dem Pharao ankündigen, was er in Kürze geschehen lässt. In den nächsten sieben Jahren wird in ganz Ägypten Überfluss herrschen. Aber dann kommen sieben Hungerjahre, da wird es mit dem Überfluss vorbei sein; man wird nichts mehr da-

von merken, und drückende Hungersnot wird im Land herrschen.
Dass der Pharao zweimal das Gleiche geträumt hat, bedeutet: Gott ist fest entschlossen, seinen Plan unverzüglich auszuführen.
Darum rate ich dem Pharao, einen klugen, einsichtigen Mann zu suchen und ihm Vollmacht über ganz Ägypten zu geben. Der Pharao sollte in den kommenden guten Jahren den fünften Teil der Ernte als Abgabe erheben. Er sollte dafür Beamte einsetzen, die unter der Aufsicht des Pharaos das Getreide in den Städten sammeln und speichern. Dann ist ein Vorrat da für die sieben schlechten Jahre, und das Volk im ganzen Land Ägypten wird nicht vor Hunger zugrunde gehen.«
Der Pharao fand den Vorschlag gut, und alle seine Berater ebenso. Er sagte zu den Beratern: »In diesem Mann ist der Geist Gottes. So einen finden wir nicht noch einmal.«
Zu Josef sagte er: »Gott hat dir dies alles enthüllt. Daran erkenne ich, dass keiner so klug und einsichtig ist wie du. Du sollst mein Stellvertreter sein und mein ganzes Volk soll deinen Anordnungen gehorchen. Nur die Königswürde will ich dir voraushaben. Ich gebe dir die Vollmacht über ganz Ägypten.«
Mit diesen Worten zog er seinen Siegelring vom Finger und steckte ihn Josef an. Dann ließ er ihn in feinstes Leinen kleiden und legte ihm eine goldene Halskette um. Er ließ ihn den Wagen besteigen, der für den Stellvertreter des Kö-

nigs bestimmt war, und die Läufer, die vor ihm her den Weg bahnten, riefen den Leuten zu: »Abrek! Aus dem Weg!«
So machte der Pharao Josef zum Herrn über ganz Ägypten. »Ich bin und bleibe der Pharao«, sagte er zu ihm, »aber ohne deine Erlaubnis darf niemand im ganzen Land auch nur die Hand oder den Fuß bewegen.« Er verlieh Josef den Namen Zafenat-Paneach und gab ihm Asenat, die Tochter des Priesters Potifera von On, zur Frau. So wurde Josef Herr über ganz Ägypten. Er war 30 Jahre alt, als er vor dem Pharao, dem König von Ägypten, stand.
Josef bereiste sofort das ganze Land. Es begannen jetzt die sieben fruchtbaren Jahre und die Felder brachten einen überreichen Ertrag. Josef ließ während dieser Jahre alles Getreide, das geerntet wurde, in die Städte bringen, in jede Stadt den Ertrag der Felder, die in ihrer Umgebung lagen. In den Speichern häufte sich das Getreide wie der Sand am Meer. Josef musste schließlich darauf verzichten, es abmessen zu lassen, weil es jedes Maß überstieg.
Noch ehe die Hungerjahre begannen, gebar Asenat dem Josef zwei Söhne. »Gott hat mich alle Not und den Verlust meiner Familie vergessen lassen«, sagte er und nannte den Erstgeborenen Manasse. Den zweiten nannte er Efraïm, denn er sagte: »Gott hat mir im Land meines Unglücks Kinder geschenkt.«
Als die sieben reichen Jahre vorüber waren, brachen die Hungerjahre an, genau wie Josef es vorausgesagt hatte.
In allen Ländern rings um Ägypten herrschte Hungersnot, nur in Ägypten gab es Vorräte. Aber auch dort hungerten

die Menschen und verlangten vom Pharao Brot. Da ließ der Pharao im ganzen Land verkünden: »Wenn ihr Brot wollt, dann wendet euch an Josef und tut, was er euch sagt.«
Die Not wurde immer drückender. Josef ließ alle Kornspeicher öffnen und verkaufte den Ägyptern Getreide. Denn die Hungersnot war drückend im ganzen Land und ebenso in allen anderen Ländern. Deshalb kamen Leute aus aller Welt nach Ägypten zu Josef, um Getreide zu kaufen; denn überall herrschte Hungersnot.

Probleme von Einwanderern im fremden Land

Einwanderer mühen sich ab, ein Leben wie die Einheimischen zu führen. Und oft gelingt es ihnen – wenn auch mit größeren Schwierigkeiten, denn sie sind nun einmal Fremde. Sie stehen vor Fragen wie: Wo kann man Arbeit finden? Wie steigt man in der Gesellschaft auf? Was macht man mit Nachbarn, mit denen es Probleme gibt? Wie kommen die eigenen Gewohnheiten bei den Einheimischen an? Wie unterscheidet sich die Sexualmoral und wie soll man mit sexueller Belästigung umgehen? Wie kann man sich davor schützen, in einen Krieg zu geraten, entführt zu werden oder von kriminellen Banden von Drogenschmugglern ausgenutzt zu werden? Und schließlich: Wo kann man seine Lieben begraben? Dazu kommen die ganz normalen Probleme des Alltags, z. B. in den Familien, sowie eventuell finanzielle oder berufliche Probleme. Auch religiöse Überzeugungen können zu Konflikten führen. Das kann zwischen den Einwanderern selbst geschehen, die verschiedenen Religionen angehören, oder zwischen Einwanderern und Einheimischen.

Die Migranten in den biblischen Geschichten sehen sich ähnlichen Problemen ausgesetzt wie heutige Migranten.

Sehen wir uns ein paar Beispiele an. In den meisten dieser Geschichten wird eine friedliche, gewaltfreie Lösung gesucht – ein bestechendes Merkmal, das diese Geschichten auch für uns heute noch interessant macht.

Probleme innerhalb der Familie

Abraham und Lot

Probleme innerhalb der Familie kommen offenbar überall vor. Auch in den Vätergeschichten begegnen sie uns. Manchmal liegt der Grund für die Konflikte im knappen Lebensraum. Die Familien wachsen und haben nicht mehr genügend Platz. So erging es Abraham (der zu dieser Zeit noch Abram hieß) und seinem Neffen Lot. Auf dem enger werdenden Raum war ein Zusammenleben nicht mehr möglich. (1 Mose/Genesis 13,1-12)

Abram kehrte mit seiner Frau und seinem ganzen Besitz an Tieren und Menschen in den südlichsten Teil des Landes Kanaan zurück. Auch sein Neffe Lot begleitete ihn. Von dort zog er von Lagerplatz zu Lagerplatz bis zu der Stelle zwischen Bet-El und Ai, wo er zuerst seine Zelte aufgeschlagen hatte. Das war auch der Ort, an dem er den Altar gebaut hatte. Dort rief er im Gebet den Namen des Herrn an.

Abram war sehr reich. Er besaß große Viehherden und viel Silber und Gold. Auch Lot, der mit ihm zog, hatte viele

Schafe, Ziegen und Rinder und viele Zelte, in denen seine Hirten mit ihren Familien lebten. Das Weideland reichte nicht aus für die Viehherden der beiden; sie konnten auf die Dauer nicht zusammenbleiben. Es gab immer Streit zwischen den Hirten Abrams und den Hirten Lots. Außerdem wohnten damals noch die Kanaaniter und die Perisiter im Land.

Da sagte Abram zu seinem Neffen: »Es soll doch kein Streit zwischen uns sein, auch nicht zwischen unseren Hirten. Wir sind doch Brüder! Das Beste ist, wir trennen uns. Das ganze Land steht dir offen: Du kannst nach Norden gehen, dann gehe ich nach Süden; du kannst auch nach Süden gehen, dann gehe ich nach Norden.«

Lot schaute sich nach allen Seiten um. Er sah, dass es in der Jordanebene reichlich Wasser gab. Bevor der Herr Sodom und Gomorra zerstörte, war es dort wie im Garten Gottes oder wie am Nil in Ägypten – bis hinab nach Zoar. Deshalb entschied sich Lot für die Jordangegend und zog nach Osten.

So trennten sich die beiden: Abram blieb im Land Kanaan, Lot ging ins Gebiet der Jordanstädte und kam im Lauf der Zeit mit seinen Zelten bis nach Sodom.

Der ewige Kampf um das Wasser
Isaak schließt Frieden mit den Nachbarn

Der Zugang zu Wasser ist eins der größten Probleme für Familien oder Sippen, deren Lebensunterhalt von ihren Schafen oder Rindern abhängt. Sie wandern von einem Ort zum anderen, um frische Weiden für ihre Tiere zu finden. Und wenn sie sich an einem Ort niederlassen, graben sie Brunnen. Dieser Herausforderung müssen sich alle Hirtenvölker stellen. Und unvermeidlich gibt es Auseinandersetzungen um die Brunnen. Auch die Bibel erzählt mehrfach von solchen Konflikten um das Wasser. Eine Geschichte zu diesem Problem stellen wir hier vor. (1 Mose/Genesis 26,17-33)

So verließ Isaak das Stadtgebiet und schlug sein Lager im Tal von Gerar auf. Er legte die Brunnen wieder frei, die von den Leuten Abrahams gegraben und nach dessen Tod von den Philistern zugeschüttet worden waren, und er gab ihnen wieder die alten Namen, die sein Vater ihnen gegeben hatte.

Als die Knechte Isaaks im Tal gruben, stießen sie auf eine Quelle. Die Hirten von Gerar machten den Hirten Isaaks die Quelle streitig und erklärten: »Das Wasser gehört uns!« Deshalb nannte Isaak den Brunnen Esek (Streit). Seine Leute gruben einen weiteren Brunnen, und auch um den gab es Streit; deshalb nannte er ihn Sitna (Zank).

Dann zog er von dort weg und grub an anderer Stelle einen Brunnen. Diesmal gab es keinen Streit. Da sagte Isaak: »Jetzt hat der HERR uns freien Raum gegeben; hier werden wir uns ausbreiten können.« Deshalb nannte er den Brunnen Rehobot (Weite).

Von da aus zog Isaak weiter nach Beerscheba. In der ersten Nacht erschien ihm dort der HERR und sagte zu ihm: »Ich bin der Gott deines Vaters Abraham. Hab keine Angst; ich stehe dir bei! Ich will dich segnen und dir viele Nachkommen geben, wie ich es meinem Diener Abraham versprochen habe.«

Isaak baute an der Stelle einen Altar und rief im Gebet den Namen des HERRN an. Er schlug sein Lager dort auf, und seine Knechte begannen einen Brunnen zu graben.

Da besuchte ihn König Abimelech aus Gerar mit seinem Ratgeber Ahusat und seinem Heerführer Pichol. »Warum kommt ihr zu mir?«, fragte Isaak. »Ihr habt mich doch wie einen Feind behandelt und von euch fortgejagt!«

Sie antworteten: »Wir haben erkannt, dass der HERR auf deiner Seite steht. Deshalb haben wir gedacht, wir sollten einen Friedensvertrag schließen und ihn durch einen feierlichen Eid bekräftigen. Versprich uns, dass du uns keinen Schaden zufügen willst! Wir haben dir ja auch nichts zuleide getan; wir haben dir nur Gutes erwiesen und dich in Frieden ziehen lassen. Es ist offenkundig, dass der HERR dich segnet.«

Isaak ließ ein Festmahl zubereiten und sie aßen und tranken miteinander. Am anderen Morgen schworen sie einen feier-

lichen Eid, sich gegenseitig keinen Schaden zu tun. Isaak verabschiedete die drei und ließ sie in Frieden ziehen.
Am selben Tag kamen die Knechte, die den Brunnen gruben, zu Isaak und berichteten: »Wir sind auf Wasser gestoßen!« Da nannte Isaak den Brunnen Schiba (Schwur). Deshalb heißt der Ort bis zum heutigen Tag Beerscheba.

Die letzte Ruhe

Abraham kauft eine Grabstelle in Kanaan

Es gibt viele Probleme, mit denen sich Migranten und Einwanderer täglich auseinandersetzen müssen. Aber nur wenige Menschen denken darüber nach, welche Hindernisse zu bewältigen sind, wenn ein Familienmitglied in einem fremden Land stirbt. Bürokratische Vorschriften wollen beachtet sein. Die Familie hat kein Familiengrab auf dem Friedhof, sodass klar wäre, wo der oder die Verstorbene begraben werden soll. Die Kosten für die Beerdigung vor Ort sind eventuell sehr hoch. Doch eine Rückführung des Verstobenen in die Heimat kommt meistens ebenfalls nicht in Frage – sie ist noch teurer. Nur Reiche können sich das leisten. Wenn die Hinterbliebenen die Landessprache nicht sprechen, ist alles noch komplizierter. Nur mit Gottes Hilfe und der Unterstützung von Freunden können sie diesen schmerzlichen Schicksalsschlag verkraften.
Abraham liebte seine Frau Sara und er litt sehr, als sie starb. Als Migrant hatte er keinen Ort, um sie zu begra-

ben. Er kaufte ein Stück Land als Grabstätte für sie. Als Abraham selbst starb, wurde auch er dort begraben, ebenso wie später sein Sohn Jakob und sein Enkel Josef. (1 Mose/Genesis 23)

Sara wurde 127 Jahre alt, dann starb sie in Hebron, das damals Kirjat-Arba hieß, im Land Kanaan. Abraham trauerte um sie und hielt die Totenklage. Dann ging er von der Toten weg, setzte sich zu den Hetitern im Tor und sagte zu ihnen: »Ich bin ein Fremder und habe nur Gastrecht bei euch. Verkauft mir ein Stück Land als Grabstätte für meine Familie, damit ich dort meine Frau zur letzten Ruhe betten kann!«
Die Hetiter antworteten Abraham: »Höre, was wir dir vorschlagen, Herr! Wir ehren dich als einen Mann, dem Gott Macht und Reichtum gegeben hat. Bestatte doch deine Frau im vornehmsten unserer Gräber! Jeder von uns wird dir gerne sein Grab zur Verfügung stellen.«
Abraham stand auf, verneigte sich vor ihnen und sagte: »Wenn ihr also damit einverstanden seid, dass ich meine Frau hier bei euch bestatte, dann legt bei Efron, dem Sohn Zohars, ein Wort für mich ein! Ich bitte ihn um die Höhle Machpela am Ende seines Feldes. Er soll sie mir um den vollen Preis verkaufen, damit ich hier bei euch ein Familiengrab besitze.«
Efron saß selbst mitten unter den Hetitern, die sich im Tor der Stadt versammelt hatten, und in Gegenwart aller sagte er zu Abraham: »Nein, mein Herr, hör mich an: Ich schenke

dir die Höhle und das Feld dazu! Hier vor allen meinen Landsleuten schenke ich sie dir, damit du deine Frau bestatten kannst!«

Abraham verneigte sich wieder vor den Hetitern und sagte zu Efron in Gegenwart aller: »Bitte, hör mich an: Ich zahle den Kaufpreis für das Feld. Nimm ihn von mir an und lass mich dort meine Frau bestatten.«

Efron erwiderte: »Ach, mein Herr, hör mich an: Ein Stück Land im Wert von 400 Silberstücken – was bedeutet eine solche Kleinigkeit schon zwischen uns beiden? Du kannst dort deine Frau bestatten.«

Abraham ging darauf ein und wog Efron die Summe ab, die dieser vor den versammelten Hetitern genannt hatte, 400 Silberstücke nach dem Gewicht, das die reisenden Händler benutzen. So ging das Feld Efrons bei Machpela östlich von Mamre in den Besitz Abrahams über. Vor den Augen aller Männer, die im Tor versammelt waren, wurde das Feld samt der Höhle und allen Bäumen darauf als Abrahams Eigentum bestätigt.

Dort in der Höhle bei Mamre, in Hebron im Land Kanaan, legte Abraham seine Frau Sara zur letzten Ruhe. Das Feld mit der Höhle war nun also von den Hetitern in den Besitz Abrahams übergegangen, als Grabstätte für seine Familie.

Probleme mit kriminellen Banden
Sodom und Gomorra

Seit jeher leiden Gesellschaften unter Kriminalität. Heutzutage ist sie ein großes Problem für Regierungen auf der ganzen Welt, vor allem wegen der Zunahme von Gewaltverbrechen. Angefangen bei Kleinkriminalität gibt es kriminelle Banden auf jedem beliebigen Niveau. Manche Banden versetzen die Menschen in armen Wohnvierteln in Angst und Schrecken. Andere handeln mit gestohlenen Autos, Handys, menschlichen Organen oder Kindern. Überall um uns herum gibt es Menschenhandel und illegalen Handel mit Waffen oder Drogen, kurz: menschenverachtende kriminelle Aktivitäten, bei denen Raub, Mord und Vergewaltigung an der Tagesordnung sind. Globale Netzwerke organisierter Kriminalität machen ungeheure Geschäfte mit solchen Verbrechen. Unnötig zu erwähnen, dass Migranten und Einwanderer zu den wehrlosesten Opfern gehören. Diese schreckliche Situation fordert uns Christen heraus, etwas dagegen zu tun und ein Licht in der Dunkelheit zu sein. Wenn solche Banden heutzutage schon in Ländern gedeihen, in denen die Gesetze eigentlich geachtet werden, mag man sich kaum vorstellen, wie es dort zugeht, wo das Recht von keiner Autorität durchgesetzt wird.

Die folgende Geschichte ist ein Beispiel dafür, wie eine Gruppe enthemmter Menschen versucht, sich an Fremden zu vergreifen. Um sie zu verstehen, muss man bedenken, dass in der patriarchalen Kultur dieser Zeit die Gastfreundschaft eine heilige Pflicht war und wichtiger als das körperliche Wohlergehen einer Frau. Glücklicherweise ist das heute anders. Heute wird dem menschlichen Leben, auch dem der Frauen, eine größere Bedeutung zugemessen als jedem kulturellen Wert, wie positiv er auch sein mag. (1 Mose/Genesis 19,1-29)

Es war schon gegen Abend, als die beiden Engel nach Sodom kamen. Lot saß gerade beim Tor der Stadt.

Als er sie kommen sah, ging er ihnen entgegen, warf sich vor ihnen nieder, das Gesicht zur Erde, und sagte: »Ich bin euer Diener, mein Haus steht euch offen! Ihr könnt eure Füße waschen und bei mir übernachten. Und morgen früh könnt ihr weiterziehen.«

»Nein, nein«, sagten die beiden, »wir wollen hier auf dem Platz übernachten.« Aber Lot redete ihnen so lange zu, bis sie mit ihm ins Haus kamen. Er ließ ein Mahl für sie bereiten und ungesäuertes Brot backen, und sie aßen.

Die beiden wollten sich eben schlafen legen, da kamen die Männer von Sodom, alle miteinander, alte und junge, und umstellten das Haus. »Lot, Lot«, riefen sie, »wo sind die Männer, die heute Abend zu dir gekommen sind? Gib sie heraus, wir wollen mit ihnen Verkehr haben!«

Lot trat zu ihnen vor das Haus, die Tür schloss er hinter sich zu. »Meine Brüder«, rief er, »begeht doch nicht ein solches Verbrechen! Ich habe zwei Töchter, die noch kein Mann berührt hat. Ich will sie zu euch herausbringen;

macht mit ihnen, was ihr wollt. Aber diese beiden Männer behelligt mir nicht; sie sind meine Gäste und stehen unter meinem Schutz.«
Sie aber schrien: »Mach, dass du wegkommst! Du bist ein Fremder und willst uns Vorschriften machen? Wir werden dir noch ganz anders mitspielen als denen!«
Sie fielen über Lot her und versuchten, die Tür aufzubrechen. Da zogen die beiden Männer Lot ins Haus und verschlossen die Tür. Sie schlugen die Leute draußen allesamt mit Blindheit, sodass sie die Tür nicht mehr finden konnten.
Darauf sagten die beiden zu Lot: »Hast du vielleicht noch andere Verwandte hier, einen Schwiegersohn, Söhne und Töchter oder sonst wen? Nimm deine ganze Familie und führe sie von hier weg! Wir müssen diese Stadt vernichten, dazu hat der HERR uns hergeschickt. Denn es sind schwere Klagen über ihre Bewohner vor ihn gekommen.«
Da ging Lot zu den Verlobten seiner Töchter und sagte zu ihnen: »Rettet euch, verlasst diese Stadt; denn der HERR wird sie vernichten.« Aber sie dachten, er wolle sie zum Besten halten.
Als die Morgenröte kam, drängten die Engel Lot zur Eile: »Schnell, nimm deine Frau und deine beiden Töchter, sonst trifft die Strafe für diese Stadt euch mit!« Während Lot noch überlegte, ergriffen sie ihn, seine Frau und seine Töchter bei der Hand, führten sie aus der Stadt hinaus und ließen sie erst draußen vor dem Tor wieder los. Denn der HERR wollte Lot und die Seinen retten.

Als alle auf dem freien Feld waren, sagte der Herr: »Lauft jetzt, so schnell ihr könnt! Es geht um euer Leben! Bleibt nicht stehen und schaut nicht zurück! Rettet euch auf die Berge, sonst seid ihr verloren!«

»Ach, Herr«, sagte Lot, »erlaube mir eine Bitte! Du bist so freundlich zu mir gewesen und hast mir die große Gnade erwiesen, mein Leben zu retten. Aber auf die Berge ist es zu weit, wir kommen nicht dorthin, bevor das Unheil hereinbricht; und dann sind wir verloren. Sieh doch, hier in der Nähe ist eine kleine Stadt, dorthin könnten wir uns retten. Verschone sie doch, sie ist ja so klein! Dann bleiben wir am Leben.«

»Gut«, sagte der Herr, »ich will dir auch das gewähren und die Stadt nicht vernichten. Flieh schnell dorthin! Ich kann nichts tun, bevor du dort bist.«

Weil Lot die Stadt »klein« nannte, erhielt sie den Namen Zoar.

Die Sonne ging gerade auf, als Lot in Zoar ankam. Da ließ der Herr Schwefel und Feuer vom Himmel auf Sodom und Gomorra herabfallen. Er vernichtete die beiden Städte und die ganze Gegend, ihre Bewohner und alles, was dort wuchs.

Lots Frau aber schaute zurück; da erstarrte sie zu einer Salzsäule.

Früh am Morgen ging Abraham an die Stelle, wo er mit dem Herrn gesprochen hatte. Als er auf Sodom und Gomorra und das ganze Gebiet am Jordan hinunterschaute, sah er von dort eine Rauchwolke aufsteigen wie von einem Schmelzofen.

Aber Gott hatte an Abraham gedacht: Als er die Städte in der Jordangegend vernichtete, sorgte er dafür, dass Lot, der dort wohnte, der Katastrophe entging.

Sexuelle Belästigung: Ein Dauerproblem

Josef und die Frau von Potifar

In allen Schichten der Gesellschaft leiden Frauen unter sexueller Belästigung. Aber Migrantinnen und Einwanderinnen sind dieser Bedrohung aufgrund ihrer Schutzlosigkeit noch stärker ausgesetzt. Allzu leicht fallen sie auf dem Weg zu ihrem Zielort Kriminellen zum Opfer oder sogar den im Staat Verantwortlichen. Viele von ihnen werden sexuell missbraucht. Diejenigen, die illegal ins Land eingewandert sind und dort nun mit einem Mann zusammenleben, sind diesem Mann in besonderer Weise ausgeliefert. Denn sie fürchten, angezeigt und in ihr Heimatland zurückgeschickt zu werden oder ihre Arbeit zu verlieren.

Es gibt auch Fälle, bei denen eine Frau einen Mann missbraucht. Aber das passiert nur sehr selten. Interessanterweise fällt das Beispiel, das wir in der Bibel finden, in diese Kategorie. Der arme Josef geriet in die Fänge einer Frau, die ihn sexuell missbrauchen wollte – keine geringere als die Frau seines Chefs, des Pharaos. Das brachte Josef in eine furchtbare Zwickmühle. (1 Mose/Genesis 39,1-20)

Josef war von den ismaëlitischen Kaufleuten nach Ägypten gebracht worden. Ein Mann namens Potifar, ein Hofbeamter des Pharaos, der Befehlshaber der königlichen Leibwache, kaufte ihn den Ismaëlitern ab. Josef wurde in seinem Haus beschäftigt. Gott aber half ihm, sodass ihm alles glückte, was er tat.

Weil der Ägypter sah, dass Gott Josef beistand und ihm alles gelingen ließ, fand Josef seine Gunst. Er machte ihn zu seinem persönlichen Diener, übergab ihm sogar die Aufsicht über sein Hauswesen und vertraute ihm die Verwaltung seines ganzen Besitzes an.

Von diesem Zeitpunkt an lag der Segen Gottes auf Potifar; Josef zuliebe ließ Gott im Haus und auf den Feldern alles gedeihen. Sein Herr überließ Josef alles und kümmerte sich zu Hause um nichts mehr außer um sein eigenes Essen.

Josef war ein ausnehmend schöner Mann. So kam es, dass Potifars Frau ein Auge auf ihn warf. Eines Tages forderte sie ihn auf: »Komm mit mir ins Bett!«

Josef wies sie ab: »Mein Herr hat mir seinen ganzen Besitz anvertraut und kümmert sich selbst um nichts mehr in seinem Haus. Er gilt hier nicht mehr als ich. Nichts hat er mir vorenthalten außer dich, seine Frau! Wie könnte ich da ein so großes Unrecht begehen und mich gegen Gott versündigen?«

Tag für Tag redete sie auf Josef ein, aber er gab ihr nicht nach. Einmal hatte Josef im Haus zu tun; niemand von der Dienerschaft war gerade in der Nähe. Da hielt sie ihn an seinem Gewand fest und sagte: »Komm jetzt mit ins Bett!«

Er riss sich los und lief hinaus; das Gewand blieb in ihrer Hand zurück.
Als sie merkte, dass Josef fort war und sie sein Gewand in der Hand hielt, rief sie die Dienerschaft herbei und sagte: »Seht euch das an! Mein Mann hat uns diesen Hebräer ins Haus gebracht, der nun seinen Mutwillen mit uns treibt. Er drang bei mir ein und wollte mit mir ins Bett. Da habe ich laut geschrien. Und als er mich schreien hörte, ließ er sein Gewand neben mir liegen und rannte davon.«
Sie legte Josefs Gewand neben sich und wartete, bis ihr Mann nach Hause kam. Auch zu ihm sagte sie: »Dein hebräischer Knecht, den du ins Haus gebracht hast, drang bei mir ein und wollte sein Spiel mit mir treiben; und als ich laut zu schreien anfing, ließ er sein Gewand neben mir liegen und rannte davon.«
Als Potifar das hörte, packte ihn der Zorn. Er ließ Josef festnehmen und in das königliche Gefängnis bringen.

Konflikte wegen der Religion

Daniel und seine Freunde – Ein Fall von Zwangsassimilation

Die Religion ist für viele Migranten eine sehr persönliche Angelegenheit und gehört zu ihrer Identität. Angesichts der kulturellen Entwurzelung, die die Migranten erleben, wird ihre religiöse Identität sogar noch bedeutsamer. Umso wichtiger sind dann gegenseitiger Respekt und Dia-

log. Oftmals wird von den Migranten aber eine kulturelle Assimilation erwartet. Das ist der Prozess, bei dem eine Gruppe ihre kulturelle Identität verliert und die Identität der Menschen oder des Ortes, an dem sie lebt, übernimmt. Dieses Phänomen kann man überall auf der Welt beobachten. Zwangsassimilation geschieht dann, wenn ein Land Regeln aufstellt, um Einheit und Integration innerhalb der Bevölkerung zu schaffen, und den Einwanderern verbietet, ihre eigene Sprache zu sprechen oder ihre Kultur zu pflegen.
Der Prophet Daniel war als Kriegsgefangener zusammen mit drei Freunden an den Hof des babylonischen Königs Nebukadnezzars gebracht worden. Dort erlebten sie zunächst einen fulminanten gesellschaftlichen Aufstieg. Daniel wurde zum königlichen Ratgeber, und seine drei Freunde bekamen hohe Positionen in der Verwaltung. Doch dann wurden die drei Freunde beim König angezeigt, weil sie sich der religiösen Zwangsassimilation verweigerten. (Daniel 3)

König Nebukadnezzar ließ ein goldenes Standbild anfertigen, dreißig Meter hoch und drei Meter breit, und ließ es in der Ebene Dura in der Provinz Babylon aufstellen. Dann berief er sämtliche hohen Beamten seines Reiches zu einer Versammlung ein, die Provinzstatthalter, Militärbefehlshaber und Unterstatthalter, die Ratgeber, Schatzmeister, Richter, Polizeigewaltigen und alle hohen Beamten der Provinzen. Sie sollten an der Einweihung des

Standbildes teilnehmen, das er errichtet hatte. Sie alle kamen zu der Einweihung und stellten sich vor dem Standbild auf.
Ein Herold rief mit lauter Stimme: »Ihr Leute aus allen Nationen, Völkern und Sprachen, hört diesen Befehl: Wenn ihr den Klang der Hörner, Flöten und Pfeifen, der Harfen, Lauten, Dudelsäcke und aller anderen Instrumente hört, müsst ihr euch niederwerfen und das goldene Standbild anbeten, das König Nebukadnezzar aufrichten ließ. Wer es nicht tut, wird auf der Stelle in den glühenden Ofen geworfen.«
Als die Instrumente ertönten, die Hörner, Flöten und Pfeifen, die Harfen, Lauten, Dudelsäcke und alle anderen, warfen sich die Leute aus allen Völkern, Nationen und Sprachen nieder und beteten das goldene Standbild an.
Einige Babylonier aber ergriffen die Gelegenheit, die Juden anzuzeigen. Sie sagten zu Nebukadnezzar: »Der König möge ewig leben! Du, König, hast doch den Befehl erlassen: ›Jeder, der den Klang der Hörner, Flöten und Pfeifen, der Harfen, Lauten, Dudelsäcke und aller anderen Instrumente hört, soll sich niederwerfen und das goldene Standbild anbeten. Wer es nicht tut, soll auf der Stelle in den glühenden Ofen geworfen werden.‹ Da sind aber einige Juden, denen du die Verwaltung der Provinz Babylon anvertraut hast: Schadrach, Meschach und Abed-Nego. Diese Männer haben deinen Befehl missachtet. Sie erweisen deinem Gott keine Ehre und beten das goldene Standbild, das du errichten ließest, nicht an.«

Nebukadnezzar tobte vor Wut und befahl, Schadrach, Meschach und Abed-Nego zu holen. Sie wurden ihm vorgeführt und er fuhr sie an: »Stimmt das, was ich da gehört habe? Ihr wollt meinem Gott nicht die Ehre geben und sein goldenes Standbild nicht anbeten? Wir werden es ja sehen! Wenn jetzt die Hörner, Flöten und Pfeifen, die Harfen, Lauten, Dudelsäcke und alle anderen Instrumente ertönen und ihr euch augenblicklich niederwerft und das Standbild anbetet, das ich habe machen lassen, dann soll die Sache erledigt sein. Wenn ihr es aber nicht tut, werdet ihr sofort in den glühenden Ofen geworfen. Welcher Gott sollte euch dann vor mir schützen?«

Schadrach, Meschach und Abed-Nego erwiderten dem König: »Wir haben es nicht nötig, dir etwas darauf zu antworten. Unser Gott, dem wir gehorchen, kann uns zwar aus dem glühenden Ofen und aus deiner Gewalt retten; aber auch wenn er das nicht tut: Deinen Gott werden wir niemals verehren und das goldene Standbild, das du errichtet hast, werden wir nicht anbeten.«

Da geriet Nebukadnezzar noch mehr in Wut und sein Gesicht verzerrte sich vor Zorn über Schadrach, Meschach und Abed-Nego. Er ließ den Ofen siebenmal so stark heizen wie sonst. Dann befahl er seinen kräftigsten Kriegsleuten, die drei zu fesseln und in den glühenden Ofen zu werfen.

Der Befehl wurde auf der Stelle ausgeführt und man warf sie mit allen ihren Kleidern, mit Hosen, Mänteln und Mützen, in den glühenden Ofen. Weil der Ofen auf Befehl des Königs so stark geheizt worden war, wurden die Männer,

die die drei hinaufbrachten, von den herausschlagenden Flammen getötet. Schadrach, Meschach und Abed-Nego fielen gefesselt mitten in die Glut.
König Nebukadnezzar aber erschrak, sprang auf und fragte seine Minister: »Haben wir nicht drei Männer gefesselt ins Feuer geworfen?«
»So ist es, König!«, erwiderten sie.
»Aber ich sehe doch vier im Feuer umhergehen!«, rief der König. »Sie sind frei von Fesseln und die Flammen können ihnen nichts anhaben. Der vierte sieht aus wie ein Engel!«
Nebukadnezzar trat an die Tür des glühenden Ofens und rief: »Schadrach, Meschach und Abed-Nego, ihr Diener des höchsten Gottes, kommt heraus!«
Da kamen die drei aus dem Ofen. Die Provinzstatthalter, die Militärbefehlshaber, die Unterstatthalter und die Ratgeber des Königs liefen herbei und überzeugten sich davon, dass die Flammen ihnen nicht den geringsten Schaden zugefügt hatten. Das Haar auf ihrem Kopf war nicht versengt, ihre Kleidung war unversehrt, nicht einmal Brandgeruch war an ihnen wahrzunehmen.
Da rief Nebukadnezzar: »Gepriesen sei der Gott Schadrachs, Meschachs und Abed-Negos! Er hat seinen Engel gesandt, um diese Männer zu retten, die ihm gehorcht und auf ihn vertraut haben. Sie haben sich meinem Befehl widersetzt und ihr Leben gewagt, weil sie keinen anderen Gott verehren und anbeten wollten außer dem ihren.
Darum erlasse ich den Befehl an alle Völker, an die Menschen aus allen Nationen und Sprachen in meinem Reich:

›Wer den Gott Schadrachs, Meschachs und Abed-Negos schmäht, wird in Stücke gehauen und sein Haus wird in einen Schutthaufen verwandelt. Denn es gibt keinen anderen Gott, der aus solch einer Lage retten kann.‹«
Der König sorgte dafür, dass Schadrach, Meschach und Abed-Nego eine noch höhere Stellung in der Provinz Babylon erhielten.
König Nebukadnezzar schrieb einen Brief an die Menschen aller Nationen, Völker und Sprachen auf der ganzen Erde. Er lautete:
Glück und Frieden euch allen! Mit diesem Schreiben möchte ich überall bekannt machen, was für große Wunder der höchste Gott an mir getan hat. Seine Taten sind staunenerregend, seine Wunder unvergleichlich. Sein Reich bleibt für immer bestehen, seine Herrschaft nimmt kein Ende.

Frauen und Migration

Über die Hälfte der weltweit 230 Millionen Migranten sind Frauen. Es sollten also auch geschlechtsspezifische Fragen bei der Analyse der heutigen Migrationsproblematik berücksichtigt werden. In der Vergangenheit wurden Frauen häufig als passiv von Migration Betroffene betrachtet. Man ging davon aus, dass es die Männer waren, die auswanderten, und dass die Frauen lediglich mit ihnen mitgingen. Tatsächlich trifft das nicht zu. In den vergangenen Jahren hat sich eine wachsende Zahl von Frauen bewusst zur Auswanderung entschieden. Manche brechen auf, um Arbeit und bessere Lebensbedingungen zu finden. Andere wollen ihren Familien helfen. Wieder andere wollen mit ihren Ehepartnern zusammen sein. Es gibt Frauen, die aus Kriegsgebieten fliehen, um nicht zur »Kriegsbeute« zu werden oder Menschen in die Hände zu fallen, die Vergewaltigung als Waffe im Krieg einsetzen. Manche fliehen auch vor der Diskriminierung in ihren Heimatländern. So wandern z. B. muslimische Frauen aus sehr konservativen Staaten aus und lassen sich dort nieder, wo sie freier leben können.

Frauen erleben Migration anders als Männer. Finden sie Arbeit, so sind sie häufig von einem geschlechtsspezifischen Lohngefälle betroffen und werden am Arbeitsplatz diskriminiert. Es ist nicht unüblich, dass gut qualifizierte Frauen einen Job haben, der schlechter bezahlt wird, als es angesichts ihrer Qualifikationen angemessen wäre. Außerdem sind Frauen sehr viel stärker der Gefahr des Menschenhandels ausgesetzt. Im schlimmsten Fall landen sie in der Zwangsprostitution. Aber auch im Haushalt, in Werkstätten, Fabriken, Bars und Restaurants werden Frauen oft ausgebeutet. Dennoch ist nicht alles schlecht. Viele hoch qualifizierte Frauen finden gute Stellen in ihren erlernten Berufen. Anderen wird durch Auswanderung ein Studium ermöglicht. Viele schicken regelmäßig Geld an ihre Familienangehörige in ihren Herkunftsländern und helfen ihnen damit zu überleben.

Die Bücher der Bibel wurden in dem patriarchalen Umfeld des Altertums geschrieben. Damals war die Situation der Frauen anders. Üblicherweise begleiteten Frauen ihre auswandernden Männer. Doch auch hier gibt es Ausnahmen wie z. B. Rut, Noomi, Lydia und Priszilla. Auf jeden Fall aber kann man typisch weibliche Gesichtspunkte der Migration in den biblischen Erzählungen erkennen. Diese geschlechtsspezifischen Aspekte zeigen sich in sexuellen Beziehungen, bei einer Heirat, beim Phänomen der Sklaverei und anderen Knechtschaftsverhältnissen, aber auch im besonderen Scharfsinn von Frauen und in ihrem unternehmerischen Können.

Geschäftstüchtige Frauen

Gemäß verschiedenen Analysen und Statistiken zeichnen sich gerade Migrantinnen in ihrer neuen Heimat durch besondere Tatkraft und großes Engagement aus. Entsprechend schicken sie ihren Angehörigen in der Heimat regelmäßiger und auch mehr Geld als Männer. Die Bibel erzählt uns von einer besonders umtriebigen Frau, die nicht nur ihr eigenes Geschäft führt, sondern auch zu den Führungspersönlichkeiten der christlichen Gemeinde gehört. In einem anderen Fall erfahren wir von einer Frau, die Seite an Seite mit ihrem Mann arbeitet, und zwar sowohl in ihrem Zeltmacher-Geschäft als auch beim Verkünden des Wortes Gottes. Ihre Namen sind Lydia und Priszilla.

Die Geschäftsfrau Lydia als Gastgeberin der Apostel

Lydia wuchs in Thyatira auf. Später wanderte sie aus und lebte in der römischen Kolonie Philippi. Sie handelte mit teuren Purpurstoffen.
Paulus und Silas trafen die Gemeindeleiterin und Geschäftsfrau Lydia, als sie nach Philippi reisten. Der Bericht in der Apostelgeschichte erzählt nicht viel über Lydias Situation als Zugewanderte in Philippi. Aber ihr Geschäft lief anscheinend gut, denn sie hatte ihr eigenes Haus und bot es den Christen als Versammlungsplatz an. Das zeigt sich ganz am Ende der folgenden Geschichte: Als Paulus

und Silas nach einigen Problemen mit Geschäftemachern und den Stadtobersten aus dem Gefängnis kamen, gingen sie zu Lydias Haus und trafen die anderen Christen, die dort versammelt waren. (Apostelgeschichte 16,11-15.40)

Wir fuhren von Troas auf dem kürzesten Weg zur Insel Samothrake und am zweiten Tag erreichten wir Neapolis. Von dort gingen wir landeinwärts nach Philippi, einer Stadt im ersten Bezirk Mazedoniens, einer Ansiedlung von römischen Bürgern. Wir hielten uns einige Tage dort auf und warteten auf den Sabbat.
Am Sabbat gingen wir vor das Tor an den Fluss. Wir vermuteten dort eine jüdische Gebetsstätte und fanden sie auch. Wir setzten uns und sprachen zu den Frauen, die zusammengekommen waren.
Auch eine Frau namens Lydia war darunter; sie stammte aus Thyatira und handelte mit Purpurstoffen. Sie hielt sich zur jüdischen Gemeinde. Der Herr öffnete ihr das Herz, sodass sie begierig aufnahm, was Paulus sagte. Sie ließ sich mit ihrer ganzen Hausgemeinschaft, ihren Angehörigen und Dienstleuten, taufen. Darauf lud sie uns ein und sagte: »Wenn ihr überzeugt seid, dass ich treu zum Herrn stehe, dann kommt in mein Haus und nehmt dort Quartier!« Sie drängte uns, die Einladung anzunehmen.
Vom Gefängnis aus gingen Paulus und Silas zu Lydia. Dort trafen sie die Brüder und Schwestern und machten ihnen Mut. Danach verließen sie die Stadt.

Priszilla setzt sich zusammen mit ihrem Mann für den Glauben ein

Etwa im Jahr 48 gab der römische Kaiser Claudius den Befehl, die in Rom lebenden Juden auszuweisen. Der römische Geschichtsschreiber Sueton führt dies auf Unruhen zurück, die durch jemanden namens »Chresto« ausgelöst wurden. Wissenschaftler sagen, dieser Name könnte sich auf Christus beziehen. Mit anderen Worten: Es gab innerhalb der jüdischen Gemeinde einen Streit darüber, ob Jesus von Nazareth der Messias (»Christus«) ist. Die römischen Machthaber mochten keine sozialen Unruhen. Daher erließ der Kaiser ein Edikt und wies die Juden aus, die an diesen religiösen Spannungen beteiligt waren. Priszilla und ihr Mann Aquila waren wichtige Gemeindeleiter. Zusammen mit anderen Juden mussten auch sie das Land verlassen. Beide hatten als jüdische Einwanderer in Rom gelebt. Nun gingen sie nach Korinth.

Priszilla und Aquila waren als Paar eng miteinander verbunden. In der Bibel treten sie immer gemeinsam auf. Priszilla wird manchmal auch mit der Kurzform ihres Namens Priska genannt. Aber soweit es den Dienst in der Gemeinde betraf, hatte Priszilla größere Bedeutung als Aquila. Das zeigt sich daran, dass ihr Name fast immer an erster Stelle erscheint. Denn in der Antike wurde der wichtigste Name zuerst genannt. Der Apostel Paulus, der ebenfalls Zeltmacher war, traf die beiden in Korinth. Sie lernten sich bei der Verkündigung der Guten Nachricht von Jesus Christus kennen. Die Gemeinde traf sich im Haus des Paares. Paulus hat sie sehr geschätzt. Leider wissen wir nicht sehr viel über Priszilla und Aquila. Ihre Lebensgeschichte kann man nur erschließen: aus Informationen in einem Kapitel der Apostelgeschichte, das aber hauptsächlich von Paulus spricht, und aus Hinweisen in den persönlichen Grüßen der Paulusbriefe.

Auswanderer durch staatlichen Befehl – Vorkämpfer des Glaubens durch eigenen Entschluss

(aus Apostelgeschichte 18)

Danach verließ Paulus Athen und ging nach Korinth. Dort traf er einen Christen jüdischer Abkunft aus Pontus. Er hieß Aquila und war mit seiner Frau Priszilla vor Kurzem aus Italien angekommen; denn Kaiser Klaudius hatte alle Juden aus Rom ausweisen lassen.
Paulus fand Aufnahme bei den beiden, und weil er dasselbe Handwerk ausübte wie sie, blieb er bei ihnen und arbeitete dort. Sie waren nämlich Zeltmacher.
An jedem Sabbat sprach Paulus in der Synagoge und versuchte, Juden und Griechen zu überzeugen.
Paulus blieb noch eine Zeit lang bei den Brüdern und Schwestern in Korinth, dann verabschiedete er sich, um nach Syrien zu fahren. Priszilla und Aquila fuhren mit.
Sie kamen nach Ephesus; dort ließ Paulus Priszilla und Aquila zurück. Er selbst ging in die Synagoge und sprach zu

den Juden. Sie baten ihn, doch länger zu bleiben, aber er ging nicht darauf ein. »Wenn Gott es will, werde ich zu euch zurückkommen«, sagte er und nahm Abschied.
Inzwischen kam nach Ephesus ein Jude, der Apollos hieß und aus Alexandria stammte. Er war ein gebildeter, wortgewandter Mann und kannte sich bestens in den Heiligen Schriften aus. Er war auch in der christlichen Lehre unterrichtet worden, sprach von Jesus mit großer innerer Begeisterung und unterrichtete zuverlässig über sein Leben und seine Lehre; er kannte jedoch nur die Taufe, wie sie Johannes geübt hatte.
Dieser Apollos nun trat in der Synagoge von Ephesus auf und sprach dort frei und offen von Jesus. Priszilla und Aquila hörten ihn, luden ihn zu sich ein und erklärten ihm die christliche Lehre noch genauer.

Paulus grüßt die Einwanderer Priszilla und Aquila

(Römer 16,3-5; 2Timotheus 4,19)

Grüßt Priska und ihren Mann Aquila, meine Mitarbeiter im Dienst für Jesus Christus. Unter Einsatz ihres Lebens haben sie mich vor dem Tod gerettet. Nicht nur ich schulde ihnen dafür Dank, sondern auch alle nichtjüdischen Gemeinden. Grüßt auch die Gemeinde, die sich in ihrem Haus versammelt. Grüßt meinen lieben Epänetus. Er war der Erste, der in der Provinz Asien zum Glauben kam.

Grüße das Ehepaar Priska und Aquila und die Angehörigen von Onesiphorus.

Grüße von den Einwanderern Priska und Aquila
(1 Korinther 16,19)

Die Gemeinden der Provinz Asien lassen euch grüßen. Das Ehepaar Aquila und Priska und die Gemeinde, die sich in ihrem Haus versammelt, grüßen vielmals euch alle, mit denen sie durch den Herrn verbunden sind.

Sex und weibliche Schönheit

Schönheit ist ein Geschenk von Gott. Aber manchmal kann sie auch zum Problem werden. Einerseits finden attraktive Migrantinnen leichter Arbeit in Berufen, in denen das äußere Erscheinungsbild wichtig ist. Wenn ihre Schönheit allerdings Männer dazu verleitet, ihnen nachzustellen, kann das zu großen Schwierigkeiten führen. Zum einen können sie leicht Opfer sexueller Belästigung werden, zum anderen müssen sie doppelt so hart arbeiten, um zu zeigen, dass sie mehr zu bieten haben als nur ein schönes Äußeres.

In der Bibel begegnen uns mit Sarai und Rebekka zwei schöne Frauen, die durch ihr Aussehen die Aufmerksamkeit von hochgestellten Persönlichkeiten in ihrem Einwanderungsland erregten. Ihre Ehemänner erkannten dies. Das führte zu allerlei Komplikationen.

Sarai im Harem des ägyptischen Pharao

(1 Mose/Genesis 12,10-20)

Damals brach im Land Kanaan eine schwere Hungersnot aus. Darum suchte Abram Zuflucht in Ägypten. Als er an die ägyptische Grenze kam, sagte er zu Sarai: »Ich weiß, dass du eine schöne Frau bist. Wenn die Ägypter dich sehen, werden sie sagen: ›Das ist seine Frau‹, und sie werden mich totschlagen, um dich zu bekommen. Sag deshalb, du seist meine Schwester, dann werden sie mich deinetwegen gut behandeln und am Leben lassen.«

In Ägypten traf ein, was Abram vorausgesehen hatte. Überall fiel Sarai durch ihre Schönheit auf. Die Hofleute priesen sie dem Pharao in den höchsten Tönen, und er ließ sie in seinen Palast holen. Ihr zuliebe war er freundlich zu Abram und schenkte ihm Schafe und Ziegen, Rinder, Esel und Kamele, Sklaven und Sklavinnen.

Doch weil der Pharao sich die Frau Abrams genommen hatte, bestrafte der HERR ihn mit einer schweren Krankheit, ihn und alle andern in seinem Palast. Da ließ der Pharao Abram rufen und sagte zu ihm: »Warum hast du mir das angetan? Du hättest mir doch sagen können, dass sie deine Frau ist! Aber du hast sie für deine Schwester ausgegeben,

nur deshalb habe ich sie mir zur Frau genommen. Nun, sie gehört dir; nimm sie und geh!«
Der Pharao bestellte eine Abteilung Soldaten und ließ Abram mit seiner Frau und seinem ganzen Besitz über die Grenze bringen.

Rebekkas Schönheit und die Angst ihres Mannes um sein Leben

(1 Mose/Genesis 26,1-11)

Wieder einmal, wie schon zur Zeit Abrahams, brach über das Land eine Hungersnot herein. Isaak suchte bei dem Philisterkönig Abimelech in Gerar Zuflucht.
Der HERR war ihm erschienen und hatte gesagt: »Geh nicht nach Ägypten! Ich will dir sagen, wo du bleiben kannst. Lebe hier im Land Kanaan als Fremder, dann werde ich dir beistehen und dich segnen. Dir und deinen Nachkommen will ich alle diese Landstriche geben. Ich halte den Eid, den ich deinem Vater Abraham geschworen habe. Ich mache deine Nachkommen so zahlreich wie die Sterne am Himmel und gebe ihnen dieses ganze Land. Bei allen Völkern der Erde wird man dann zueinander sagen: ›Gott segne dich wie die Nachkommen Isaaks!‹ Das ist der Lohn dafür, dass Abraham meinem Befehl gehorcht und alle meine Gebote und Weisungen befolgt hat.«
So blieb Isaak in Gerar. Als die Männer dort seine Frau Rebekka sahen, fragten sie ihn nach ihr. Da fürchtete er, sie

könnten ihn ihretwegen umbringen, weil sie so schön war. Deshalb sagte er: »Sie ist meine Schwester.«
Isaak lebte mit seiner Frau schon längere Zeit in Gerar, da schaute König Abimelech eines Tages zum Fenster hinaus und sah, wie Isaak und Rebekka sich umarmten. Er rief ihn zu sich und hielt ihm vor: »Sie ist ja deine Frau! Warum hast du sie für deine Schwester ausgegeben?«
»Ich hatte Angst, es würde mich sonst das Leben kosten«, erwiderte Isaak.
Doch Abimelech sagte: »In welche Gefahr hast du uns da gebracht! Wie leicht hätte es geschehen können, dass einer meiner Männer mit ihr geschlafen hätte! Dann hättest du uns in schwere Schuld gestürzt.«
Allen seinen Leuten ließ Abimelech bekannt geben: »Wer diesen Mann oder seine Frau antastet, muss sterben.«

Familienzusammenführung – ein weiblicher Migrationsgrund

Rebekka geht in das Land ihres Mannes

Der Wunsch, die Familie wieder zu vereinen, ist einer der häufigsten Gründe für Migration. Aus dieser Motivation heraus reisen viele Menschen auch illegal ein. Manche Länder haben Regelungen gefunden, durch den sie den Familiennachzug vereinfachen. Davon profitieren aber nur die unmittelbaren Verwandten wie Ehegatten und Kinder. Sie erhalten Papiere, mit denen sie legal im Land bleiben können. Das ist wichtig, denn sehr oft fällt die Familie auseinander, wenn die Mutter oder der Vater in einem anderen Land Arbeit gefunden hat. Manche Menschen verlassen ihre Heimat auch, um ihren Partner, der im Ausland lebt, heiraten zu können. So ähnlich geschah es mit Rebekka, als sie sich entschied, Isaak zu heiraten: Sie musste ihre eigene Familie verlassen und wegziehen, um bei der Familie ihres Ehemanns zu leben. (1 Mose/Genesis 24)

Abraham war sehr alt geworden. Der HERR hatte ihn gesegnet und ihm alles gelingen lassen. Eines Tages sagte er zu seinem ältesten Knecht, der seinen ganzen Besitz verwaltete: »Leg deine Hand zwischen meine Beine und schwöre mir! Versprich mir beim HERRN, dem Gott des Himmels und der Erde, dass du für meinen Sohn Isaak keine Frau auswählst, die hier aus dem Land Kanaan stammt.
Gib mir dein Wort, dass du in meine Heimat gehst und ihm eine Frau aus meiner Verwandtschaft suchst.«
Der Besitzverwalter sagte: »Was soll ich aber tun, wenn die Frau mir nicht hierherfolgen will? Soll ich dann deinen Sohn wieder in deine Heimat zurückbringen?«
»Auf keinen Fall!«, sagte Abraham. »Das darfst du niemals tun! Der HERR, der Gott des Himmels, wird seinen Engel vor dir herschicken, sodass dein Auftrag gelingt und die Frau dir folgen wird. Er hat mich aus meiner Sippe und Heimat weggeholt und mir mit einem Schwur zugesagt, dass er

meinen Nachkommen dieses Land geben wird. Wenn die Frau dir nicht folgen will, bist du nicht mehr an deinen Schwur gebunden. Aber auf keinen Fall darfst du meinen Sohn dorthin zurückbringen!«
Da legte der Verwalter seine Hand zwischen die Beine Abrahams und schwor ihm, alles so auszuführen, wie er es verlangt hatte. Dann machte er zehn von den Kamelen seines Herrn reisefertig, nahm wertvolle Geschenke mit und reiste nach Mesopotamien, in die Stadt, in der die Familie von Abrahams Bruder Nahor lebte.
Als er dort ankam, hielt er an der Quelle vor der Stadt an und ließ die Kamele niederknien. Es war gegen Abend, um die Zeit, wenn die Frauen zum Wasserholen herauskommen.
»HERR, du Gott meines Herrn Abraham«, betete er, »gib mir Glück zu meinem Vorhaben! Sei gut zu meinem Herrn und erfülle seinen Wunsch! Gleich werden die jungen Mädchen aus der Stadt hierherkommen und Wasser schöpfen. Dann will ich eins von ihnen bitten: ›Reiche mir deinen Krug, damit ich trinken kann!‹ Wenn das Mädchen sagt: ›Trink nur; ich will auch deinen Kamelen zu trinken geben‹, dann weiß ich: Sie ist es, die du für deinen Diener Isaak bestimmt hast. Daran werde ich erkennen, dass du zu meinem Herrn gut bist und seinen Wunsch erfüllt hast.«
Kaum hatte er zu Ende gebetet, da kam aus der Stadt ein Mädchen mit einem Wasserkrug auf der Schulter. Es war Rebekka, die Tochter von Betuël und Enkelin von Milka, der Frau von Abrahams Bruder Nahor. Sie war sehr schön

und noch nicht verheiratet; kein Mann hatte sie berührt. Sie ging die Stufen zum Wasser hinab, füllte ihren Krug, hob ihn auf die Schulter und kam wieder herauf.
Schnell trat der Verwalter Abrahams auf sie zu und bat sie: »Gib mir doch einen Schluck Wasser aus deinem Krug!«
»Trink nur, Herr!«, sagte das Mädchen, ließ sogleich den Krug auf ihre Hand herunter und hielt ihn so, dass er trinken konnte. Als er genug getrunken hatte, sagte sie: »Ich will noch mehr Wasser holen, damit auch deine Kamele trinken können!« Sie leerte den Krug in die Tränkrinne, stieg rasch wieder zur Quelle hinab und schöpfte so lange, bis alle Kamele genug hatten.
Abrahams Verwalter stand schweigend dabei und schaute ihr zu. Er wartete gespannt, ob der HERR seine Reise gelingen lassen würde. Als die Kamele getrunken hatten, holte er für Rebekka einen kostbaren goldenen Nasenring und zwei schwere goldene Armreifen hervor und sagte zu ihr: »Wessen Tochter bist du? Hat dein Vater in seinem Haus vielleicht Platz für uns, damit wir übernachten können?«
»Ich bin die Tochter von Betuël«, antwortete sie; »es ist der Betuël, den die Milka dem Nahor geboren hat. Wir haben Platz genug und auch Stroh und Futter für die Tiere.«
Da warf sich der Verwalter Abrahams vor dem HERRN nieder und betete: »Dank sei dir, HERR, du Gott meines Herrn Abraham! Du hast ihm deine Güte und Treue bewahrt und hast mich geradewegs zu den Verwandten meines Herrn geführt.«

Das Mädchen lief inzwischen nach Hause zu ihrer Mutter und erzählte, was sie erlebt hatte. Sie hatte einen Bruder, der hieß Laban. Als der den goldenen Schmuck sah und hörte, was der Mann zu ihr gesagt hatte, lief er hinaus an die Quelle. Dort wartete Abrahams Besitzverwalter noch mit den Kamelen.

»Komm herein zu uns!«, rief Laban. »Du bringst den Segen des HERRN mit. Warum bleibst du hier draußen? Ich habe schon alles herrichten lassen, auch für deine Kamele ist genug Platz.«

Da ging der Verwalter mit ins Haus. Laban ließ die Kamele abzäumen und Streu und Futter für sie holen. Dem Gast und seinen Leuten brachte man Wasser, damit sie sich die Füße waschen konnten. Als sie ihm aber etwas zu essen brachten, sagte er: »Ich esse erst, wenn ich meinen Auftrag ausgerichtet habe.«

Laban forderte ihn auf zu reden, und er begann:

»Ich bin Abrahams Besitzverwalter. Der HERR hat meinen Herrn reich gesegnet und zu hohem Ansehen gebracht. Er hat ihm viele Schafe, Ziegen und Rinder gegeben, dazu Silber und Gold, Sklaven und Sklavinnen, Kamele und Esel. Auch hat Sara, die Frau meines Herrn, ihm in ihrem Alter noch einen Sohn geboren, dem er seinen ganzen Besitz vermacht hat.

Nun hat mein Herr mich einen Eid schwören lassen und hat mir aufgetragen: ›Du darfst für meinen Sohn Isaak keine Frau aus dem Land Kanaan wählen. Geh zu meinen

Verwandten, zur Familie meines Vaters, und hole ihm von dort eine Frau.‹
Als ich einwandte, dass die Frau mir vielleicht nicht in das fremde Land folgen werde, da sagte er: ›Der Herr, nach dessen Willen ich mich immer gerichtet habe, wird seinen Engel mit dir schicken und deine Reise gelingen lassen, sodass du für meinen Sohn eine Frau aus meiner Verwandtschaft, aus der Familie meines Vaters, findest. Wenn meine Verwandten dir aber keine Frau für meinen Sohn geben wollen, bist du nicht mehr an deinen Schwur gebunden.‹
Als ich nun heute an die Quelle kam, betete ich zum Herrn und sagte: ›Gott Abrahams, meines Herrn, wenn du doch meine Reise gelingen lassen wolltest! Ich stehe hier an der Quelle und bitte dich um ein Zeichen: Zu dem ersten heiratsfähigen Mädchen, das herauskommt, will ich sagen: Gib mir doch einen Schluck aus deinem Krug! Wenn sie darauf sagt: Trink nur, und auch deinen Kamelen will ich zu trinken geben – dann weiß ich: Sie ist es, die du, Herr, für den Sohn meines Herrn bestimmt hast.‹
Kaum hatte ich diese Worte in meinem Herzen gesprochen, da kam Rebekka mit dem Krug auf der Schulter, stieg die Stufen zur Quelle hinab und schöpfte Wasser. Ich sagte zu ihr: ›Gib mir doch etwas zu trinken!‹ Da ließ sie sogleich ihren Krug von der Schulter herunter und sagte: ›Trink nur, und auch deinen Kamelen will ich zu trinken geben!‹
Als alle Tiere getrunken hatten, fragte ich sie nach ihrem Vater, und sie sagte mir, dass es Betuël sei, der Sohn Nahors von seiner Frau Milka. Da legte ich ihr den goldenen Ring

an die Nase und die Goldreife um ihre Arme. Und dann warf ich mich nieder und dankte dem HERRN, dem Gott meines Herrn Abraham, dass er mich geradewegs zum Bruder meines Herrn geführt hat und ich jetzt dessen Tochter als Frau für den Sohn meines Herrn erbitten kann. Sagt mir nun also, ob ihr meinem Herrn gut seid und seinen Wunsch erfüllen wollt! Wenn nicht, dann muss ich anderswo suchen.«

Laban und seine Familie erwiderten: »Das hat der HERR gefügt! Wir können seine Entscheidung nur annehmen. Hier ist Rebekka, nimm sie mit! Sie soll den Sohn deines Herrn heiraten, wie der HERR es bestimmt hat.«

Als Abrahams Verwalter das hörte, warf er sich auf die Erde und dankte dem HERRN. Darauf packte er Silber- und Goldschmuck und festliche Kleider aus und gab sie Rebekka. Auch ihrem Bruder und ihrer Mutter gab er kostbare Geschenke.

Dann aßen und tranken die Gäste und legten sich schlafen. Am anderen Morgen sagte Abrahams Verwalter zum Bruder des Mädchens und zu seiner Mutter: »Lasst mich jetzt zu meinem Herrn zurückkehren!«

Die beiden baten ihn: »Lass sie doch noch eine Weile bei uns bleiben, nur zehn Tage; dann kann sie mit dir gehen!«

Er aber sagte: »Haltet mich nicht auf! Gott in seiner Güte hat meine Reise gelingen lassen. Ich möchte jetzt zu meinem Herrn zurückkehren.«

»Wir rufen das Mädchen«, sagten die beiden, »sie soll selbst entscheiden.«

Sie riefen Rebekka und fragten sie: »Willst du mit diesem Mann mitgehen?«
Rebekka sagte: »Ja, das will ich.«
Da verabschiedeten sie Rebekka und ihre Amme und auch den Verwalter Abrahams mit seinen Leuten. Sie segneten Rebekka und sagten: »Schwester, du sollst die Mutter von vielen Tausenden werden! Mögen deine Nachkommen ihre Feinde besiegen und ihre Städte erobern!«
Rebekka und ihre Dienerinnen machten sich reisefertig, setzten sich auf die Kamele und zogen mit dem Besitzverwalter Abrahams. So brach er mit Rebekka in seinem Gefolge auf.
Isaak wohnte zu der Zeit im südlichsten Teil des Landes in der Nähe des Brunnens Lahai-Roi. Eines Abends, als er gerade auf dem Feld war, sah er auf einmal Kamele daherkommen.
Auch Rebekka hatte Isaak erblickt. Schnell stieg sie vom Kamel und fragte den Verwalter Abrahams: »Wer ist der Mann, der uns dort entgegenkommt?«
»Es ist mein Herr«, erwiderte er; und Rebekka bedeckte ihr Gesicht mit dem Schleier.
Der Besitzverwalter erzählte Isaak, wie alles gegangen war, und Isaak führte Rebekka in das Zelt seiner Mutter Sara. Er nahm sie zur Frau und gewann sie lieb. So wurde er über den Verlust seiner Mutter getröstet.

Häusliche Sklaverei in fremden Ländern

Im Zusammenhang mit der Geschichte von Josef, der für zwanzig Silberstücke verkauft worden war, haben wir bereits über Menschenhandel gesprochen. Zusätzlich zu den Frauen, die in die Prostitution verkauft werden, gibt es auch versteckten Sklavenhandel mit Frauen, die in Haushalten, Fabriken oder Restaurants arbeiten müssen. Oft werden Frauen mit dem Versprechen, zu guten Bedingungen und hohen Löhnen als Hausangestellte arbeiten zu können, in andere Länder gebracht, wo ihnen dann bei der Ankunft ihre Ausweise abgenommen werden und sie faktisch zu Sklavinnen gemacht werden. Kürzlich wurde ein Fall bekannt, in dem drei Frauen dreißig Jahre lang in einem Londoner Haus gefangen gehalten und physisch wie psychisch missbraucht worden waren. Zwei von ihnen waren Immigrantinnen. Das ist sicher ein Extremfall, doch werden Hausangestellte auch heutzutage noch in vielen Ländern der Welt oft wie Sklaven behandelt. Sie arbeiten den ganzen Tag und schlafen im Haus ihres Arbeitgebers – oftmals ohne einen freien Tag. Es gibt Gesetze gegen solche Praktiken, aber sie werden oft nicht eingehalten.

In der Bibel begegnet uns Hagar, eine Frau, die schwer unter der Behandlung durch ihre hebräischen Besitzer litt. Aber Gott hat Erbarmen mit leidenden Migranten, wie an den folgenden beiden Geschichten deutlich wird.

Hagar, die ägyptische Sklavin

Hagar war eine junge Frau aus Nordafrika, eine Ägypterin. Abraham hatte sie gekauft, damit sie Sarai bei der Hausarbeit half. Nach den Gesetzen des Codex Hammurapi, einer Sammlung von Rechtssprüchen aus dem 18. Jh. v. Chr., galt: Wenn eine Frau nicht schwanger werden konnte, dann konnte ihre Sklavin Kinder für sie bekommen. Da Sarai unfruchtbar war, nutzte sie dieses Gesetz, um durch ihre Sklavin zu Kindern zu kommen. Aber als Hagar dann tatsächlich schwanger war, wurde es kompliziert. (aus 1 Mose/Genesis 16; 21,1-21)

Abrams Frau Sarai blieb kinderlos. Sie hatte aber eine ägyptische Sklavin namens Hagar. So sagte sie zu ihrem Mann: »Du siehst, der HERR hat mir keine Kinder geschenkt. Aber vielleicht kann ich durch meine Sklavin zu einem Sohn kommen. Ich überlasse sie dir.«
Abram war einverstanden, und Sarai gab ihm die ägyptische Sklavin zur Frau. Er lebte damals schon zehn Jahre im Land Kanaan.
Abram schlief mit Hagar und sie wurde schwanger. Als sie merkte, dass sie ein Kind bekommen würde, begann sie auf ihre Herrin herabzusehen. Da sagte Sarai zu ihrem Mann: »Mir geschieht Unrecht, und du trägst dafür die Verantwortung! Ich habe dir meine Sklavin überlassen. Seit sie weiß, dass sie ein Kind bekommt, verachtet sie mich. Ich rufe den HERRN als Richter an!«

Abram erwiderte: »Sie ist deine Sklavin. Mach mit ihr, was du für richtig hältst!«
Sarai ließ daraufhin Hagar die niedrigsten Arbeiten verrichten; da lief sie davon.
In der Wüste rastete Hagar bei dem Brunnen, der am Weg nach Schur liegt. Da kam der Engel des HERRN zu ihr und fragte sie: »Hagar, Sklavin Sarais! Woher kommst du? Wohin gehst du?«
»Ich bin meiner Herrin davongelaufen«, antwortete sie.
Da sagte der Engel: »Geh zu deiner Herrin zurück und ordne dich ihr unter! Der HERR wird dir so viele Nachkommen geben, dass sie nicht zu zählen sind. Du wirst einen Sohn gebären und ihn Ismaël (Gott hat gehört) nennen; denn der HERR hat deinen Hilferuf gehört. Ein Mensch wie ein Wildesel wird er sein, im Streit mit allen und von allen bekämpft; seinen Brüdern setzt er sich vors Gesicht.«
Hagar gebar Abram einen Sohn, und Abram nannte ihn Ismaël. Abram war damals 86 Jahre alt.
Der HERR dachte an Sara und tat an ihr, was er angekündigt hatte. Sie wurde schwanger und gebar Abraham noch in seinem Alter einen Sohn. Es war genau zu der Zeit, die Gott angegeben hatte. Abraham nannte den Sohn, den Sara ihm geboren hatte, Isaak. Als Isaak acht Tage alt war, beschnitt er ihn, genau wie Gott es angeordnet hatte.
Abraham war bei Isaaks Geburt 100 Jahre alt. Sara aber sagte: »Gott hat dafür gesorgt, dass ich lachen kann. Alle, die davon hören, werden mit mir lachen. Noch nie hat Abraham es erlebt, dass ihm einer die Nachricht brachte:

›Deine Frau Sara stillt ein Kind.‹ Aber jetzt in seinem Alter habe ich ihm noch einen Sohn geboren!«
Isaak wuchs und gedieh. Als er von der Mutterbrust entwöhnt wurde, feierte Abraham mit seinen Leuten ein großes Fest.
Eines Tages sah Sara den Sohn der Ägypterin Hagar spielen, das Kind, das diese Abraham geboren hatte. Da sagte sie zu ihrem Mann: »Jag diese Sklavin und ihren Sohn fort! Der Sohn der Sklavin darf nicht mit meinem Sohn Isaak zusammen erben!«
Abraham missfiel das sehr, denn auch Ismaël war ja sein Sohn. Aber Gott sagte zu Abraham: »Gräme dich nicht wegen des Jungen und deiner Sklavin! Tu, was Sara von dir verlangt; denn die Nachkommen Isaaks sollen als deine rechtmäßigen Nachkommen gelten. Aber auch den Sohn der Sklavin werde ich zu einem Volk machen, weil er von dir abstammt.«
Am nächsten Morgen nahm Abraham Brot und einen Schlauch mit Wasser, legte beides Hagar auf die Schulter, übergab ihr das Kind und schickte sie fort. Hagar ging weg und irrte ziellos in der Wüste bei Beerscheba umher. Als das Wasser im Schlauch aufgebraucht war, warf sie das Kind unter einen Strauch und setzte sich etwa einen Bogenschuss davon entfernt auf die Erde. Denn sie sagte: »Ich kann nicht mit ansehen, wie der Junge stirbt!« So saß sie in einiger Entfernung und weinte laut.
Aber Gott hörte das Kind schreien. Da rief der Engel Gottes vom Himmel aus Hagar zu: »Warum bist du verzweifelt, Ha-

gar? Hab keine Angst, Gott hat das Schreien des Kindes gehört! Steh auf und nimm den Jungen bei der Hand; denn ich werde seine Nachkommen zu einem großen Volk machen.«
Gott öffnete Hagar die Augen, da sah sie einen Brunnen. Sie ging hin, füllte den Schlauch mit Wasser und gab dem Kind zu trinken.
Auch weiterhin half Gott dem Jungen. Er wuchs heran und wurde ein Bogenschütze. Er lebte in der Wüste Paran und seine Mutter gab ihm eine Ägypterin zur Frau.

Ein Sklavenmädchen rettet seinen Herrn

Den Namen des Mädchens in der folgenden Geschichte kennen wir nicht. Wir wissen nur, dass sie eine Israelitin war, die im Krieg verschleppt worden war. Sie arbeitete als Sklavin im Haushalt. Vielleicht wurde sie dort besser behandelt als andere Sklaven. Jedenfalls gab sie ihrer Herrin einen Rat, wie deren Ehemann von einer schweren Krankheit geheilt werden könnte. Er hörte auf sie. Ob das kleine Sklavenmädchen wohl belohnt wurde, nachdem ihr Herr dank ihrer Mitwirkung geheilt worden war? (2 Könige 5,1-16)

Naaman, der Heerführer des Königs von Syrien, war an Aussatz erkrankt. Er war ein tapferer Soldat und der König hielt große Stücke auf ihn, weil der HERR durch ihn den Syrern zum Sieg verholfen hatte. In seinem Haus befand sich ein junges Mädchen, das von syrischen Kriegsleuten bei einem Streifzug aus Israel geraubt worden war. Sie war Dienerin bei seiner Frau geworden.

Einmal sagte sie zu ihrer Herrin: »Wenn mein Herr doch zu dem Propheten gehen könnte, der in Samaria lebt! Der würde ihn von seiner Krankheit heilen.«

Naaman ging zum König und berichtete ihm, was das Mädchen gesagt hatte. »Geh doch hin«, antwortete der König, »ich werde dir einen Brief an den König von Israel mitgeben.«

Naaman machte sich auf den Weg. Er nahm 7 Zentner Silber, eineinhalb Zentner Gold und zehn Festgewänder mit. Er überreichte dem König von Israel den Brief, in dem es hieß: »Ich bitte dich, meinen Diener Naaman freundlich aufzunehmen und von seinem Aussatz zu heilen.«

Als der König den Brief gelesen hatte, zerriss er sein Gewand und rief: »Ich bin doch nicht Gott! Er allein hat Macht über Tod und Leben! Der König von Syrien verlangt von mir, dass ich einen Menschen von seinem Aussatz heile. Da sieht doch jeder: Er sucht nur einen Vorwand, um Krieg anzufangen!«

Als Elischa, der Mann Gottes, davon hörte, ließ er dem König sagen: »Warum hast du dein Gewand zerrissen? Schick den Mann zu mir! Dann wird er erfahren, dass es in Israel einen Propheten gibt!«

Naaman fuhr mit all seinen pferdebespannten Wagen hin und hielt vor Elischas Haus. Der Prophet schickte einen Boten hinaus und ließ ihm sagen: »Fahre an den Jordan und tauche siebenmal darin unter! Dann bist du von deinem Aussatz geheilt.«

Naaman war empört und sagte: »Ich hatte gedacht, er würde zu mir herauskommen und sich vor mich hinstellen, und dann würde er den HERRN, seinen Gott, beim Namen rufen und dabei seine Hand über der kranken Stelle hin- und herbewegen und mich so von meinem Aussatz heilen. Ist das Wasser des Abana und des Parpar, der Flüsse von Damaskus, nicht besser als alle Gewässer Israels? Dann hätte ich ja auch in ihnen baden können, um geheilt zu werden!«

Voll Zorn wollte er nach Hause zurückfahren. Aber seine Diener redeten ihm zu und sagten: »Herr, bedenke doch: Wenn der Prophet etwas Schwieriges von dir verlangt hätte, hättest du es bestimmt getan. Aber nun hat er nur gesagt: ›Bade dich und du wirst gesund!‹ Solltest du es da nicht erst recht tun?«

Naaman ließ sich umstimmen, fuhr zum Jordan hinab und tauchte siebenmal in seinem Wasser unter, wie der Mann Gottes es befohlen hatte. Da wurde er völlig gesund und seine Haut wurde wieder so rein wie die eines Kindes.

Mit seinem ganzen Gefolge kehrte er zu Elischa zurück, trat vor ihn und sagte: »Jetzt weiß ich, dass der Gott Israels der einzige Gott ist auf der ganzen Erde. Nimm darum von mir ein kleines Dankgeschenk an!«

Aber Elischa erwiderte: »So gewiss der HERR lebt, dem ich diene: Ich nehme nichts an.« Sosehr Naaman ihm auch zuredete, Elischa blieb bei seiner Ablehnung.

Aufbruch in Gottes Auftrag

Es gibt auch heute noch Menschen, die sich von Gott berufen fühlen, in entfernte Gegenden oder fremde Länder zu gehen, um dort das Wort Gottes zu predigen und zu lehren. Sie können sich dabei auf die Bibel berufen und insbesondere auf den Missionsauftrag Jesu: »Geht nun zu allen Völkern der Welt ...« (Mt 28,18). In gewisser Weise gibt uns sogar Gott selbst ein herausragendes Beispiel dafür: Aus reiner Liebe zu uns wurde er Mensch und lebte unter uns, um uns den Weg zu zeigen, der uns zu ihm führt (Philipper 2,6-11). In der ganzen Bibel finden wir Geschichten von Menschen, die von Gott dazu berufen wurden, in seinem Namen zu sprechen und anderen Segen zu bringen. Am bekanntesten sind die Geschichten der Propheten. Der Schafzüchter Amos aus Tekoa, das etwa 16 km südlich von Jerusalem liegt, verließ seine Heimat und ging in das Nordreich Israel, um den dortigen Bewohnern die Botschaft Gottes zu bringen. Der Prophet Jeremia stammte aus Anatot, einem Dorf etwa sechs km von Jerusalem entfernt. Er ging in die Hauptstadt und reiste dann ebenfalls in den Norden, um die Botschaft zu verkünden, die Gott ihm gegeben hatte. Sehr gegen sei-

nen eigenen Willen musste Jona in die große Stadt Ninive gehen, um die Menschen in dieser feindlichen Stadt zur Buße aufzurufen. In gleicher Weise wurden auch andere Propheten von Gott beauftragt, ihr Land zu verlassen und Gottes Botschaft zu anderen Völkern zu tragen.
Aber nicht nur die Propheten brachen an andere Orte auf. Einer der ersten Menschen, die ihre Heimat auf Gottes Geheiß hin verließen, war Abraham. Auch in seinem weiteren Leben musste er aus verschiedenen Gründen immer wieder auswandern. Aber bei diesem ersten Mal brach er auf, um in Gottes Auftrag in einem anderen Land ein neues Leben zu beginnen und zum Segen für alle Völker zu werden.
Im Neuen Testament gibt es eine ganze Reihe von Männern und Frauen, die als Jünger mit Jesus aus ihrer Heimat Galiläa nach Jerusalem gewandert waren und sich nach Jesu Tod entschieden, weiterhin in der Hauptstadt zu leben. Sie blieben, um das Wirken von Jesus fortzusetzen, so wie er es ihnen nach seiner Auferstehung aufgetragen hatte. Den Apostel Paulus aus der Stadt Tarsus stellt man sich als umherziehenden Missionar vor. Allerdings lebte auch er oft für längere Zeit an einem Ort und war damit ein Einwanderer auf Zeit, zusammen mit Priszilla und Aquila, seinen Mitarbeitern, die wie er selbst Zeltmacher waren. Sie lebten z. B. eine Zeit lang in Korinth und zogen dann nach Ephesus. Es gibt in der Bibel also eine ganze Reihe von Erzählungen, in denen Menschen in andere Länder ziehen, um den Menschen dort Gottes Wege zu zeigen.

In diesem Abschnitt werden wir den Fokus auf Abraham, Amos und die Jünger von Jesus richten. Bereits der Umstand, dass Abraham zuerst Abram hieß, bevor Gott ihm den neuen Namen gab (1 Mose/Genesis 17,5), zeigt, dass sein Leben in Bewegung war. Denn wenn ein Mensch einen neuen Namen erhält, kündigt das eine bedeutende Veränderung im Leben dieses Menschen an. So auch hier: »Abram« bedeutet »Vater eines Volkes«, und »Abraham« bedeutet »Vater vieler Völker«.

Ein Migrant wird zum Segen für alle Völker
Abraham

»Sara, Gott hat mir aufgetragen, von hier fortzugehen. Lass uns aufbrechen.« – Etwas in dieser Art wird Abraham zu seiner Frau Sarai gesagt haben, als sie nach Kanaan aufbrachen. Bis heute gilt er bei Juden, Muslimen und Christen als einer der bedeutendsten Stammväter. Er erscheint sogar im Stammbaum von Jesus (Matthäus 1,2). Bevor Gott ihn berufen hatte, lebte Abraham bei seinem Vater Terach in Haran, einer kleinen Stadt in der heutigen Türkei. Sie waren zuvor aus der Stadt Ur in Chaldäa, einem Gebiet im südlichen Babylonien, ausgewandert. Abraham und seine Familie waren in Haran wirtschaftlich erfolgreich gewesen: Sie hatten Diener und große Schafs- und Rinderherden. Doch Gott rief ihn und gab ihm einen Auftrag.

Der Aufbruch zu einem unbekannten Ziel war für Abraham offenbar kein Problem. Er gehorchte Gott, verließ sein Volk und machte sich auf den Weg von Haran nach Kanaan. Außer seiner Frau begleitete ihn auch sein Neffe. Zusammen nahmen sie so viel von seinem Hab und Gut mit, wie sie konnten. Als Gott Abraham aufforderte, sein Land zu verlassen, sagte er ihm, dass er durch ihn, Abraham, die Völker segnen würde. Außerdem versprach Gott ihm Land und viele Nachkommen. Abraham glaubte Gott. (1 Mose/Genesis 12,1-9)

Da sagte der HERR zu Abram: »Verlass deine Heimat, deine Sippe und die Familie deines Vaters und zieh in das Land, das ich dir zeigen werde!
Ich will dich segnen und dich zum Stammvater eines mächtigen Volkes machen. Dein Name soll in aller Welt berühmt sein. An dir soll sichtbar werden, was es bedeutet, wenn ich jemand segne.
Alle, die dir und deinen Nachkommen Gutes wünschen, haben auch von mir Gutes zu erwarten. Aber wenn jemand euch Böses wünscht, bringe ich Unglück über ihn. Alle Völker der Erde werden Glück und Segen erlangen, wenn sie dir und deinen Nachkommen wohlgesonnen sind.«
Abram folgte dem Befehl des HERRN und brach auf, und Lot ging mit ihm. Abram war 75 Jahre alt, als er seine Heimatstadt Haran verließ. Seine Frau Sarai und Lot, der Sohn seines Bruders, begleiteten ihn. Sie nahmen ihren ganzen Besitz mit, auch die Menschen, die sie in Haran in Dienst

genommen hatten. So zogen sie in das Land Kanaan, in dem damals noch das Volk der Kanaaniter wohnte. Sie durchquerten das Land bis zu dem heiligen Baum bei Sichem.

Dort erschien dem Abram der Herr und sagte zu ihm: »Deinen Nachkommen will ich dieses Land geben!« Da baute Abram dem Herrn einen Altar an der Stelle, wo er ihm erschienen war.

Von dort aus zog er in das Bergland östlich von Bet-El. Seine Zelte standen zwischen Bet-El im Westen und Ai im Osten. Auch dort baute er einen Altar und rief im Gebet den Namen des Herrn an.

Dann zog er von Lagerplatz zu Lagerplatz immer weiter nach Süden.

Ein Schafzüchter bricht auf, um Prophet zu werden

Amos

»Ein Prophet gilt nirgends so wenig wie in seiner Heimat.« – Jesus selbst benutzte dieses Sprichwort, als die Leute in Nazaret ihn zurückwiesen (Markus 6,4; Lukas 4,24). Auch heute noch schenken Menschen – aus welchem Grund auch immer – oft denen mehr Glauben, die von anderswo kommen. Es gibt Künstler und Sportler, die außerhalb ihres Heimatlandes größere Anerkennung erfahren, vor allem, wenn sie aus einem kleinen Land kommen. Trotzdem passt das Sprichwort nicht immer. Es gab auch Propheten, die blieben, wo sie aufgewachsen waren, um das Unrecht anzuprangern, das dort vor sich ging, und eine bessere Zukunft anzukündigen. Mit ihrer Botschaft nahmen sie meistens die Korruption und die ungerechte Behandlung der Armen ins Visier. Ihre Aufgabe war besonders deswegen undankbar, weil sie oft vor allem die Autoritäten anprangerten: Könige, königliche Ratgeber, Heerführer, Richter und Priester. Sie litten unter dieser Situation und hatten fortwährend Schwierigkeiten.

Dem Propheten Amos blieb keine andere Wahl, als seine Heimatstadt Tekoa zu verlassen. Eigentlich war er Viehzüchter und besaß außerdem einige Maulbeerfeigenbäume. Obwohl er demnach wohl keine Geldsorgen hatte, fühlte er sich verpflichtet aufzubrechen – nicht aus einem persönlichen Bedürfnis heraus, sondern weil Gott es ihm aufgetragen hatte. Gott forderte ihn auf, als Prophet in den Norden zu gehen, nach Israel.

Amos kündigte schreckliche Dinge an, die den Israeliten widerfahren würden, wenn die Assyrer in ihr Land einfielen. Aber wie alle Propheten setzte er ans Ende seiner Botschaft ein Zeichen der Hoffnung. Denn Gott ist gut und lässt sein Volk nicht im Stich. Lesen Sie hier einen Teil seiner Geschichte und seiner Botschaft. (Amos 1,1; 8,1-8; 9,13-15)

In diesem Buch steht, was Amos, einem Viehzüchter aus dem Dorf Tekoa, vom HERRN offenbart worden ist. Er empfing die hier aufgeschriebenen Worte als Botschaft für

das Reich Israel zwei Jahre vor dem großen Erdbeben, als in Juda König Usija regierte und in Israel Jerobeam, der Sohn Joaschs.
Der Herr, der mächtige Gott, ließ mich einen Erntekorb voll Obst sehen.
Er fragte mich: »Amos, was siehst du?«
Ich antwortete: »Einen Korb mit reifem Obst.«
Da sagte der Herr: »Ja, reif ist mein Volk – zum Gericht! Ohne Erbarmen will ich alles abernten. Dann werden die Sängerinnen im Königspalast Klagelieder anstimmen. An allen Orten liegen Leichen herum, niemand begräbt sie, überall Totenstille.«
Das sagt der Herr, der mächtige Gott.
Hört her, ihr Unterdrücker und Ausbeuter! Euer ganzes Tun zielt darauf ab, die Armen im Land zu ruinieren! Ihr sagt: »Wann ist endlich das Neumondfest vorbei, wann ist endlich der Sabbat vorüber? Dann können wir unsere Speicher öffnen und Korn verkaufen, das Getreidemaß kleiner machen und das Gewicht, mit dem wir das Silber zur Bezahlung abwiegen, größer, die Waagbalken verstellen und sogar noch den Abfall mit Gewinn loswerden.«
Die Armen macht ihr zu euren Sklaven, auch wenn sie euch nur ein Paar Sandalen schulden. Aber der Herr, auf den ihr Nachkommen Jakobs so stolz seid, hat geschworen: »Nie werde ich ihnen diese Untaten verzeihen!«
Wen wundert es da, dass die Erde bebt und alle ihre Bewohner erschrecken? Sie hebt und senkt sich wie der Nil in Ägypten.

Es kommt eine Zeit – sagt der HERR –, da werden die Schnitter schon zur Ernte antreten, kaum dass der Pflüger seine Arbeit beendet hat, und an die Weinlese schließt sich sogleich die nächste Aussaat. Es wird so viele Trauben geben, dass ihr Saft die Berge und Hügel herabfließt. Dann werde ich für mein Volk alles wieder zum Guten wenden. Die Leute von Israel werden die zerstörten Städte wieder aufbauen und auch darin wohnen, sie werden Weinberge anpflanzen und den Wein davon trinken, werden Gärten anlegen und essen, was darin wächst. Ich werde mein Volk wieder in das Land einpflanzen, das ich ihm gegeben habe, sodass es niemand mehr herausreißen kann.«
Das sagt der HERR, euer Gott.

Neuanfang in der Großstadt
Die Jünger in Jerusalem

Jesus und seine Jünger wuchsen in der galiläischen Provinz auf. Die Kultur dort war ländlich, nicht urban. Die Heimatstadt von Jesus, Nazaret, war ein kleines Dorf mit rund 300 Einwohnern und lag etwa fünf km entfernt von Sepphoris, einer großen, bedeutenden Stadt. Diese war von den Römern zerstört worden, nachdem die Bewohner sich gegen die Steuerzahlungen an Rom aufgelehnt hatten, wurde dann aber wieder neu aufgebaut. In der Zeit, in der Jesus lebte, waren die Beziehungen zwischen den ländlichen Gebieten und den Städten problematisch, besonders in Galiläa. In den großen Städten wurden Jesus und seine Jünger wahrscheinlich häufig zurückgewiesen, und es scheint, dass sie ihrerseits die Städte mieden. In seiner einzigen Bezugnahme auf zwei der galiläischen Städte äußert sich Jesus ihnen gegenüber kritisch: »Weh dir, Chorazin! Weh dir, Betsaida!« (Matthäus 11,21; Lukas 10,13)

Jesus und seine Jünger hatten keinen festen Wohnsitz. Stattdessen zogen sie durch das galiläische Land und predigten, heilten und halfen den Not leidenden Menschen. Oft hielten sie sich in Kafarnaum auf. Das war keine Großstadt wie Sepphoris oder Tiberias, es war mehr eine Ansammlung von kleinen Siedlungen, die Jesus und den Jüngern als Basis diente: Von hier aus traten sie ihre Reisen an, die sie durch Städte und Dörfer und in die Hügelgebiete von Galiläa führte.

Nach seiner Auferstehung verlangte Jesus von seinen Jüngern nicht, nach Galiläa zurückzukehren, sondern er forderte sie auf, in Jerusalem zu bleiben (Lukas 24,49). Das bedeutete für sie, die Bauern und Fischer vom Land waren, eine radikale Veränderung, denn ihre Gewohnheiten waren nicht dieselben wie die der Städter und auch ihre religiösen und kulturellen Gepflogenheiten waren anders. Jerusalem war eine sehr große Stadt mit rund 50 000 Einwohnern. Zur Zeit des Passafests wuchs die Bevölkerung wegen der vielen Besucher auf ein Dreifaches dieser Zahl. In Jerusalem gab es große Gebäude wie den gewaltigen Tempel, den Herodes erbaut hatte, und den Palast des römischen Statthalters.

So blieben die Jünger also in Jerusalem und fingen ein neues Leben an, weit weg von ihren ländlichen Heimatgemeinden. Sie mussten neue Gewohnheiten annehmen und lernen, in einer Großstadt mit all ihren unterschiedlichen Bewohnern und den vielen Gästen zu leben. Gemeinsam meisterten sie die schwierige Situation. Der Entschluss, in Jerusalem zu bleiben, schweißte die Jünger zusammen. Sie teilten alles miteinander. Das Gebet prägte ihr Zusammenleben. Frauen waren vollwertige Mitglieder der Gemeinschaft, so z. B. auch die Familie von Jesus einschließlich seiner Mutter und anderer Familienmitglieder.
Der folgende Text stammt aus der Apostelgeschichte und gewährt einen Einblick in diese spannende Zeit. (Apostelgeschichte 1,4-14)

Als Jesus wieder einmal bei den Aposteln war und mit ihnen aß, schärfte er ihnen ein: »Bleibt in Jerusalem und wartet auf den Geist, den mein Vater versprochen hat. Ich habe euch sein Kommen angekündigt, als ich euch sagte: ›Johannes hat mit Wasser getauft, aber ihr werdet schon bald mit dem Geist Gottes getauft werden.‹«
Die Versammelten fragten Jesus: »Herr, wirst du dann die Herrschaft Gottes in Israel wieder aufrichten?«
Jesus antwortete: »Mein Vater hat festgelegt, welche Zeiten bis dahin noch verstreichen müssen und wann es so weit ist. Ihr braucht das nicht zu wissen. Aber ihr werdet mit dem Heiligen Geist erfüllt werden, und dieser Geist wird

euch die Kraft geben, überall als meine Zeugen aufzutreten: in Jerusalem, in ganz Judäa und Samarien und bis ans äußerste Ende der Erde.«

Während er das sagte, wurde er vor ihren Augen emporgehoben. Eine Wolke nahm ihn auf, sodass sie ihn nicht mehr sehen konnten.

Als sie noch wie gebannt nach oben starrten und hinter ihm hersahen, standen plötzlich zwei weiß gekleidete Männer neben ihnen. »Ihr Galiläer«, sagten sie, »warum steht ihr hier und schaut nach oben? Dieser Jesus, der von euch weg in den Himmel aufgenommen wurde, wird auf dieselbe Weise wiederkommen, wie ihr ihn habt weggehen sehen!«

Darauf kehrten sie vom Ölberg nach Jerusalem zurück. Das ist ein Weg von etwa einer halben Stunde. Dort gingen sie in das Obergemach des Hauses, wo sie von nun an beisammenblieben.

Es waren: Petrus, Johannes, Jakobus und Andreas, Philippus und Thomas, Bartholomäus und Matthäus, Jakobus, der Sohn von Alphäus, und Simon, der zur Partei der Zeloten gehört hatte, und schließlich Judas, der Sohn von Jakobus. Auch die Frauen waren dabei und Maria, die Mutter von Jesus, sowie seine Brüder.

Sie alle waren einmütig beieinander und beteten beharrlich um das Kommen des Heiligen Geistes.

Der Glaube der Migranten

Die Erfahrung eines Menschen, sein Heimatland zu verlassen, prägt sein Leben für immer. Natürlich machen sich die Menschen mit sehr unterschiedlichen Gefühlen auf den Weg – manche freudig und hoffnungsvoll, andere traurig und voller Angst. Oft sind es auch mehrere Emotionen gleichzeitig. In ihrer Angst und Sorge vor dem Unbekannten klammern sich die Menschen an Gott und beten um seinen Beistand auf der Reise. Ihr Glaube wird ihnen wichtiger als zuvor, denn er gibt ihrer Alltagserfahrung in dem fremden Land einen Sinn. Angesichts all der neuen Sitten und Bräuchen, Sprachen, Regeln und Vorschriften, mit denen die Migranten konfrontiert sind, bietet ihnen der Glaube etwas sehr Wichtiges: Kontinuität zwischen ihrem Leben in der Heimat und ihrem neuen Leben in einem anderen Land. Der Glaube ist so das nötige Bindeglied zwischen der Vergangenheit und der Zukunft, und zwar nicht nur im persönlichen und familiären Rahmen, sondern auch im gesellschaftlichen Kontext.
Wenn Menschen an einen ihnen unbekannten Ort ziehen, besteht immer die Herausforderung, das Gleichgewicht zu wahren zwischen ihrer eigenen Identität und der Notwendigkeit, sich in das neue Umfeld zu integrieren. Die Menschen fühlen sich verpflichtet, neue Gepflogenheiten an-

zunehmen, auch wenn manche gar nicht zu ihrer bisherigen Identität passen. Angesichts dessen hilft der Glaube an Gott den Neulingen, sich zurechtzufinden und zu erkennen, welche Bräuche und Gewohnheiten sie übernehmen können, ohne ihre religiöse Identität aufs Spiel zu setzen. Es gibt viele Passagen in der Bibel, die den Glauben von Migranten zeigen. Im Folgenden präsentieren wir einige Texte über die Erzväter und über Daniel.

Drei Altäre für den einen Gott

Abraham, Isaak und Jakob

Als Halbnomaden waren die Erzväter ständig unterwegs. Ihr Gott ging überall mit ihnen mit. Wo sie eine besondere Gotteserfahrung hatten, errichteten sie einen Altar für Gott, damit sie nie vergaßen, dass er ihnen dort begegnet war. Dadurch konnten sie den einzelnen Gotteserfahrungen Dauer verleihen und Verbindungen zwischen den verschiedenen Orten schaffen. So stärkte das Umherziehen ihren Glauben.

Abraham

(1 Mose/Genesis 12,4-9)

Abram folgte dem Befehl des HERRN und brach auf, und Lot ging mit ihm. Abram war 75 Jahre alt, als er seine Heimatstadt Haran verließ. Seine Frau Sarai und Lot, der Sohn seines Bruders, begleiteten ihn. Sie nahmen ihren ganzen Besitz mit, auch die Menschen, die sie in Haran in Dienst genommen hatten. So zogen sie in das Land Kanaan, in dem damals noch das Volk der Kanaaniter wohnte. Sie durchquerten das Land bis zu dem heiligen Baum bei Sichem.

Dort erschien dem Abram der HERR und sagte zu ihm: »Deinen Nachkommen will ich dieses Land geben!« Da baute Abram dem HERRN einen Altar an der Stelle, wo er ihm erschienen war.

Von dort aus zog er in das Bergland östlich von Bet-El. Seine Zelte standen zwischen Bet-El im Westen und Ai im Osten. Auch dort baute er einen Altar und rief im Gebet den Namen des HERRN an.

Dann zog er von Lagerplatz zu Lagerplatz immer weiter nach Süden.

Isaak

(1 Mose/Genesis 26,23-25)

Von da aus zog Isaak weiter nach Beerscheba. In der ersten Nacht erschien ihm dort der Herr und sagte zu ihm: »Ich bin der Gott deines Vaters Abraham. Hab keine Angst; ich stehe dir bei! Ich will dich segnen und dir viele Nachkommen geben, wie ich es meinem Diener Abraham versprochen habe.«
Isaak baute an der Stelle einen Altar und rief im Gebet den Namen des Herrn an. Er schlug sein Lager dort auf, und seine Knechte begannen einen Brunnen zu graben.

Jakob

(1 Mose/Genesis 28,18-22)

Früh am Morgen stand Jakob auf. Den Stein, den er hinter seinen Kopf gelegt hatte, stellte er als Steinmal auf und goss Öl darüber, um ihn zu weihen. Er nannte die Stätte Bet-El (Haus Gottes); vorher hieß der Ort Lus.
Dann legte Jakob ein Gelübde ab: »Wenn der Herr mir beisteht«, sagte er, »wenn er mich bewahrt auf der Reise, die ich jetzt antrete, wenn er mir Nahrung und Kleidung gibt und wenn ich wohlbehalten wieder nach Hause zurückkomme, dann soll er allein mein Gott sein. Hier an dieser Stelle, wo ich den Stein aufgestellt habe, soll dann ein Heiligtum für ihn errichtet werden. Von allem Besitz,

den er mir schenken wird, werde ich ihm den zehnten Teil geben.«

Der Glaube eines Verschleppten
Daniel

Daniel war ein junger Mann, als er als Kriegsgefangener aus seiner Heimat nach Babylonien verschleppt wurde. Er hielt treu an seinen religiösen Traditionen und seinem Glauben fest. Auch wenn er jung, intelligent, stark und attraktiv war und leicht ein völlig neues Leben hätte beginnen können, gab er den Versuchungen des babylonischen Reiches nicht nach. Gott ließ ihn in keinem einzigen Moment allein und beschützte ihn in allen Schwierigkeiten, die er hatte. Daniel seinerseits enttäuschte Gott nie. Sein Vertrauen auf Gott war felsenfest. Lesen Sie hier einen Teil seiner Geschichte. (Daniel 1)

Im dritten Regierungsjahr Jojakims, des Königs von Juda, zog der babylonische König Nebukadnezzar mit einem Heer vor Jerusalem und belagerte die Stadt. Der HERR gab Jojakim in die Gewalt Nebukadnezzars und auch ein Teil der heiligen Geräte fiel dem Babylonierkönig in die Hände. Er ließ die Geräte nach Babylonien bringen und bewahrte sie in der Schatzkammer beim Tempel seines Gottes auf.
Nebukadnezzar befahl seinem Palastvorsteher Aschpenas, junge Israeliten aus der Verwandtschaft des Königs und

aus den vornehmen Familien für ihn auszusuchen. »Sie müssen gesund sein und gut aussehen«, sagte er. »Außerdem müssen sie klug und verständig sein und eine umfassende Bildung haben, damit sie zum Dienst in meinem Palast geeignet sind. Und dann sollen sie auch unsere Sprache und Schrift lernen.«

Drei Jahre lang sollten die jungen Leute ausgebildet werden, um dann in den Dienst des Königs zu treten. Der König ordnete an, dass sie jeden Tag Speisen und Wein von seiner eigenen Tafel bekamen.

Unter den ausgesuchten jungen Männern aus Juda waren auch Daniel, Hananja, Mischaël und Asarja. Der Palastvorsteher gab ihnen babylonische Namen: Daniel nannte er Beltschazzar, Hananja Schadrach, Mischaël Meschach und Asarja Abed-Nego.

Daniel war fest entschlossen, kein Essen und Trinken von der Tafel des Königs anzurühren, um nicht unrein zu werden. Deshalb bat er den Palastvorsteher, nicht von den Speisen des Königs essen zu müssen. Gott half ihm, sodass der Palastvorsteher ihn wohlwollend anhörte. Allerdings sagte er zu Daniel: »Ich habe Angst vor meinem Herrn, dem König. Er hat selbst bestimmt, was ihr essen und trinken sollt. Wenn er feststellt, dass du und deine drei Freunde schlechter aussehen als die anderen jungen Leute, lässt er mir den Kopf abschlagen.«

Daniel wandte sich an den Aufseher, den der Palastvorsteher für ihn und seine drei Freunde bestimmt hatte. »Mach doch einmal zehn Tage lang einen Versuch mit uns«, bat er

ihn. »Lass uns Gemüse essen und Wasser trinken! Danach vergleichst du unser Aussehen mit dem der andern jungen Leute, die ihr Essen von der Tafel des Königs bekommen. Und dann entscheidest du, was weiter geschehen soll!«
Der Aufseher war einverstanden und ging auf den Versuch ein. Nach Ablauf der zehn Tage zeigte es sich, dass Daniel und seine Freunde sogar besser und kräftiger aussahen als die andern jungen Leute, die ihr Essen von der königlichen Tafel erhielten. Da ließ er ihnen weiterhin Gemüse geben; den Wein und die für sie bestimmten Speisen stellte er weg.
Gott aber gab den vier jungen Männern Klugheit und Verstand, sodass sie alles begriffen und sich bald in jedem Wissensgebiet auskannten. Daniel besaß darüber hinaus die Fähigkeit, Träume und Visionen zu verstehen und zu deuten.
Am Ende der Zeit, die König Nebukadnezzar festgesetzt hatte, sollten ihm alle jungen Leute zur Prüfung vorgeführt werden. Als der Palastvorsteher sie zu ihm brachte und er sich mit ihnen unterhielt, zeigte es sich, dass Daniel, Hananja, Mischaël und Asarja allen anderen überlegen waren. Sie wurden in den königlichen Dienst aufgenommen, und sooft der König in schwierigen Fragen ihren Rat suchte, merkte er, dass sie zehnmal klüger waren als alle Gelehrten und Magier in seinem ganzen Königreich.
Daniel blieb im königlichen Dienst bis ins erste Regierungsjahr des Königs Kyrus.

Nachwort

Die Geschichten von Migranten in der Bibel haben unseren Blick auf heutige Migranten gelenkt, und die heutige Migrationsproblematik hat es uns ermöglicht, die biblischen Geschichten über Migranten mit anderen Augen zu sehen. Vergangenheit und Gegenwart sind miteinander verflochten. Die Geschichten zeigen uns, dass Gott, der an allen Orten und bei allen Völkern lebt und alle Sprachen spricht, immer und in jeder Gemeinschaft zugegen ist, gerade auch unter Migranten, obwohl es manchmal nicht so aussieht. Gott stärkt sie und ermutigt sie weiterzumachen. Er bewegt andere, sich ihrer anzunehmen und sich mit ihnen zu freuen, wenn sie zu geachteten Mitgliedern der Gesellschaft werden, bei der sie Zuflucht gesucht haben.

Alle Menschen haben ein Recht auf Leben. Das heißt, dass sie auch das Recht haben, Schutz in anderen Ländern zu suchen. Und wir alle haben die Pflicht, Fremde aufzunehmen und mit Respekt zu behandeln. Durch sein Wort lädt Gott uns ein, als Christen ein Beispiel zu geben. Die Bibel zeigt uns, wie wir nach Gottes Willen den Herausforderungen der heutigen Migrationsbewegungen begegnen können.

Gebet eines Migranten

Jesus, Freund,
du bist ein Migrant wie kein anderer:
Du hast uns so sehr geliebt,
dass du vom Himmel kamst,
um uns den Weg zu zeigen.
In Marias Leib brachst du von Betlehem auf,
auf Befehl des Kaisers.
Noch als kleines Kind bist du mit deiner Familie geflohen,
wie Vertriebene heute.
Du hattest keinen Ort, wo du dein Haupt hinlegen konntest,
denn du zogst stets von einem Ort zum anderen.
Hör mein Gebet.

Jesus, Freund,
du hast gesagt, du bist der Weg,
geh mit mir auf dieser langen, unsicheren Reise.
Nimm die Steine fort, die tief einschneiden,
bewahre mich vor Dieben
und Drogenhändlern.

Jesus, Freund,
du hast gesagt, du bist das Licht,
leuchte mir auf meinem Weg, erhelle meinen Geist,
damit ich nicht in schlechte Gesellschaft gerate
und du dich später für mich schämen musst.

Jesus, Freund,
du hast gesagt, du bist das Brot,
ich bitte dich, lass es mir nie daran mangeln,
damit ich mit anderen Migranten teilen kann
und nicht verhungere in der Wüste.

Jesus, Freund,
du hast gesagt, du bist das Wasser,
fülle meine Flasche,
damit ich jedes Mal an dich denke, wenn ich durstig bin,
denn dein Wasser ist frisch und fließt
wie Ströme lebendigen Wassers.

Jesus, Freund,
du hast gesagt, du bist die Wahrheit,
zeig sie mir, damit ich mich frei fühlen kann.
Beschütze mich vor korrupter Polizei,
vor solchen Beamten in der Migrationsbehörde,
die mich mit Misstrauen ansehen
wie einen Kriminellen.

Jesus, Freund,
du hast gesagt, du bist das Leben,
beschütze meine Angehörigen, die ich zurückgelassen habe,
sei meine kugelsichere Weste,
mein Schutzschild gegen die Angriffe in der Nacht.

Jesus, Freund,
sei meine Freude in jeder neuen Erfahrung,
in jeder neuen Aussicht, die sich vor mir ausbreitet,
in jedem Menschen, der mir eine helfende Hand
entgegenstreckt,
in jedem Lohn, den ich für meine Arbeit erhalte.
Du bist der Weg,
Brot,
Wasser,
Wahrheit
und Leben,
lass mich nicht im Stich,
damit ich meine Familie nicht vergesse,
die voller Sorge auf eine Geldsendung wartet.

Amen.